ATRA BÍLIS

ATRA BÍLIS

Laila Ripoll

Tradução Hugo Rodas
Colaboração Carmem Moretzsohn

Cobogó

A Acción Cultural Española – AC/E é uma entidade estatal cuja missão é difundir e divulgar a cultura espanhola, seus acontecimentos e protagonistas, dentro e fora de nossas fronteiras. No Programa de Intercâmbio Cultural Brasil-Espanha, essa missão se concretiza graças ao apoio do TEMPO_FESTIVAL, do Rio de Janeiro, que convidou a Editora Cobogó para fazer a edição em português de dez textos fundamentais do teatro contemporâneo espanhol, e contou com a colaboração de quatro dos festivais internacionais de teatro de maior prestígio no Brasil. Estão envolvidos no projeto: Cena Contemporânea – Festival Internacional de Teatro de Brasília; Porto Alegre em Cena – Festival Internacional de Artes Cênicas; Festival Internacional de Artes Cênicas da Bahia – FIAC; Janeiro de Grandes Espetáculos – Festival Internacional de Artes Cênicas de Pernambuco; além do TEMPO_FESTIVAL, Festival Internacional de Artes Cênicas do Rio de Janeiro.

Cada festival colaborou indicando diferentes artistas de teatro brasileiros para traduzir as obras do espanhol para o português e organizando residências para os artistas, tradutores e autores que farão em seguida as leituras dramatizadas para o público dos festivais.

Para a seleção de textos e de autores, estabelecemos uma série de critérios: que fossem peças escritas neste século XXI, de autores vivos ganhadores de pelo menos um prêmio importante de dramaturgia, que as peças pudessem ser levadas aos palcos tanto pelo interesse intrínseco do texto quanto por sua viabilidade econômica, e, por último, que elas girassem em torno de uma temática geral que aproximasse nossos autores de um público com conhecimento escasso da dramaturgia contemporânea espanhola, com especial atenção para os gostos e preferências do público brasileiro.

Um grupo de diretores de teatro foi encarregado pela AC/E de fazer a seleção dos autores e das obras. Assim, Guillermo Heras, Eduardo Vasco, Carme Portaceli, Ernesto Caballero, Juana Escabias e Eduardo Pérez Rasilla escolheram *A paz perpétua*, de Juan Mayorga, *Après moi le déluge (Depois de mim, o dilúvio)*, de Lluïsa Cunillé, *Atra bílis*, de Laila Ripoll, *Cachorro morto na lavanderia: os fortes*, de Angélica Liddell, *Cliff (Precipício)*, de Alberto Conejero, *Dentro da terra*, de Paco Bezerra, *Münchausen*, de Lucía Vilanova, *NN12*, de Gracia Morales, *O princípio de Arquimedes*, de Josep Maria Miró i Coromina e *Os corpos perdidos*, de José Manuel Mora. A seleção dos textos não foi fácil, dada a riqueza e a qualidade da produção recente espanhola.

A AC/E felicita a Editora Cobogó, os festivais, os autores e os tradutores pela aposta neste projeto, que tem a maior importância pela difusão que possibilita do teatro contemporâneo espanhol. Gostaríamos de agradecer especialmente a Márcia Dias, diretora do TEMPO_FESTIVAL, por sua estreita colaboração com a nossa entidade e com o projeto.

Teresa Lizaranzu
Acción Cultural Española – AC/E
Presidente

Sumário

Sobre a tradução brasileira:
De humor, terror e fantasia   **11**

ATRA BÍLIS   **15**

Por que publicar dramaturgia   **99**

Dramaturgia espanhola no Brasil   **101**

Sobre a tradução brasileira:
De humor, terror e fantasia

Quatro mulheres idosas, vivendo numa aldeia do interior da Espanha, numa época indeterminada, num tempo que ficou no esquecimento. Talvez baste essa descrição para que se possa ter ideia do universo com o qual nos deparamos (Hugo Rodas e eu) na tradução de *Atra bílis*, da dramaturga espanhola Laila Ripoll. A começar pelo título, nada no texto é raso, direto ou oferece apenas uma interpretação.

Em *Atra bílis* (expressão que designa ira ou cólera, mas que também aceita "melancolia"), entramos em contato com o que nos pareceu ser a Espanha de tempos imemoriais. Para nós, surgiu uma gente que falava por meio de provérbios, frases indiretas, ditos populares, citações de personagens da literatura espanhola, expressões idiomáticas, passagens da história da península Ibérica, figuras sugeridas pela Bíblia, cantigas infantis, orações, entre várias outras vozes que se fazem presentes na fala das quatro personagens. Uma gente que acredita desacreditando, que vive meio morrendo, que é real e ao mesmo tempo fantástica.

A ação é ambientada durante o funeral do marido de uma das personagens, situação propícia para que se revelem rancores, desejos, segredos. Mantendo sempre a atmosfera de realismo mágico, a autora mistura toques de terror ao humor negro. Um dos pontos altos da obra é um diálogo no qual as irmãs Nazária e Daria usam a intermediação da criada Ulpiana para se ofenderem mutuamente, citando personagens mitológicos, bíblicos ou históricos. Para situar melhor o leitor/espectador, optamos por fazer com que os nomes citados fossem acompanhados de palavras que denunciassem o caráter de cada um. Dessa forma, a palavra "iscariota" está acompanhada do adjetivo "traidora", "filisteia" de "vulgar", e assim por diante.

Outra curiosidade vem de Ulpiana, que se expressa todo o tempo usando ditados populares espanhóis. Foi necessário encontrarmos correlatos em português que tivessem o mesmo sentido, mantivessem a força do original e não perdessem em intenção ou dramaticidade. Em alguns momentos, foi preciso desatar nós, como quando Ulpiana profere: "Noche toledana, alfil toledano", como resposta à pergunta sobre novidades na vila. "Toledana" refere-se a uma noite do século IX em que centenas de nobres de Toledo foram assassinados a sangue-frio.

Também buscando uma aproximação maior com o universo do espectador brasileiro, o campo de "Encinas", em que se situa o casarão da família — que poderia ser traduzido por campo de "azinheiras" —, foi transformado em bosque de carvalhos. Trata-se de uma árvore mais familiar ao povo brasileiro e oferece a noção de solidez necessária.

Seguramente, *Atra bílis* foi o texto mais singular e hermético com o qual tive que lidar como tradutora. Eu, que sou atriz e que costumo traduzir textos para interpretá-los. Essa dificuldade foi superada pela parceria certeira com o mestre uruguaio Hugo Rodas, hoje um candango com quem tive a honra de trabalhar em várias montagens. Hugo e eu convivemos durante meses com as vozes de Nazária, Daria, Aurorinha e Ulpiana. Hoje, somos íntimos. E achamos que as plateias brasileiras não tardarão a também se tornarem íntimas delas — e, tal como nós, se apaixonarem por elas.

Carmem Moretzsohn
Colaboradora da tradução

ATRA BÍLIS

Laila Ripoll

Tradução Hugo Rodas
Colaboração Carmem Moretzsohn

PERSONAGENS

DARIA

NAZÁRIA

AURORINHA, A MENINA

ULPIANA

A sala é enorme, escura e densa, na grande casa, antiga e nobre, da minúscula aldeia. Há grossos muros de pedra nos quais se abre um portão de madeira, dividido ao meio e gradeado para evitar a entrada de animais e deixar o ar passar. Um longo corredor, ao fundo, se comunica com o resto da casa. A única decoração das paredes consiste em três janelas, com os postigos fechados, e uma Santa Ceia banhada em prata. À direita, descansa o defunto em um caixão fechado, escuro e com puxadores dourados. Um lenço preto, com cruzes e pombas brancas bordadas, cobre, em parte, o caixão. Candelabros com grandes velas escorrendo cera, que iluminam a cena, colorindo-a como num quadro de Gutiérrez Solana, rodeiam o caixão. Ramalhetes de flores brancas e de perfume muito adocicado descansam em garrafões de vidro. As três irmãs, de luto rigoroso, entoam sua salmodia sentadas à esquerda: são muito velhas, têm a cara de pergaminho, curtida e cortada pelo tempo. Em seus olhos sente-se o véu de muitos anos. Usam saia larga de pano grosso, blusa abotoada até o pescoço, xale de franjas, meias e sapato baixo.

Nazária, de perfil mais magro, enfeita de azeviches seu generoso colo; exibe grandes argolas de ouro nas orelhas e aliança dupla no dedo anular, uma bolsa de pano sempre no colo. Penteia seus poucos cabelos que restam num coque baixo. Está sentada numa cadeira de mogno e veludo, acompanhada de sua inseparável muleta que, às vezes, empunha como uma grande espada. De vez em quando, seca uma lágrima com a ponta de um lencinho bordado. É rígida, mal-encarada e severa. Toda ela exprime autoridade. Ao lado dela, Aurorinha se balança numa cadeira de balanço que chia, olhando para o vazio com seus olhinhos de cabra. Leva amarrado embaixo do queixo um lenço negro, do qual escapam, branquíssimas e crespas, algumas mechas de cabelo; as meias meio caídas e o avental enrugado e não muito limpo. Sorri, desdentada e bobamente, enquanto faz soar um sininho. Um pouco mais longe, numa cadeira comum, a figura pequena e nervosa de Daria: lenço negro e limpíssimo, avental com grandes bolsos. Com movimentos de camundongo, debulha interminavelmente as contas de um rosário, ainda que sua cara seja a de cachorro pequeno e malvado. Mastiga o ar e rumina bílis. Muita bílis. Grudadas na parede, várias cadeiras que foram dispostas para o velório. O ar começa a cheirar a morte. Ao longe, ouve-se o barulho da chuva e latidos de cachorros.

AS TRÊS: [*canção polifônica com acompanhamento de sininho*]
Mãe primorosa,
Mãe entre as rosas,
Oh, mãe amorosa
Cuide de nossas coisas.
Rainha celestial
Afasta de mim o mal
Cuida da tua grei
Que obedece cegamente a tua lei.
Nossa vida é como um rio
Que sempre acaba no mar.
Vivemos sempre penando
Entre a dor e o pesar.
Fica bem com o Céu
Que a morte vai chegar
Quando menos esperares
Tua vida vai acabar.

Silêncio. As mulheres ficam com o olhar perdido no nada.

AURORINHA: Bom...

DARIA: Não esteve mal.

NAZÁRIA: [*imita*] "Não esteve mal, não esteve mal." Esteve, sim. Você desafinou e, além de tudo, tem problemas com o ritmo.

DARIA: [*resmunga*] Ah, falou a dona Perfeita.

NAZÁRIA: O quê?

DARIA: Não concordo.

NAZÁRIA: O que é que você sabe, você não sabe nada, não sabe nada, você não sabe nada.

AURORINHA: Nananana.

Silêncio. Ranger da cadeira de balanço da menina.

DARIA: Já?

NAZÁRIA: Não.

DARIA: Mas...

NAZÁRIA: Eu disse que não e quando eu digo que não é não.

AURORINHA: Muito bem.

Silêncio. Ranger da cadeira de balanço.

DARIA: E?

NAZÁRIA: Quê?

DARIA: Eu...

NAZÁRIA: Não!

AURORINHA: Bom. [*silêncio. Ranger da cadeira*] Muito bom, muito bem, e cuidado com a neném.

Silêncio, não há barulho.

AURORINHA: Cocô.

DARIA: Quê?

AURORINHA: Cocô.

NAZÁRIA: Não é hora.

AURORINHA: Cocô.

NAZÁRIA: Daqui a pouco.

AURORINHA: Cocô.

DARIA: Calada.

AURORINHA: Cocô.

NAZÁRIA: Quando estivermos mais tranquilas. [*desafia as irmãs com os olhos. Tira um despertador antigo do bolso e conta os segundos*] Cinco, quatro, três, dois e meio, dois, um... ahá. Já. Agora. Agora, SIM, é a hora, e como eu sou a viúva dolorosa, eu começo, que para isso eu sou a viúva dolorosa. Sou a viúva dolorosa protagonista, então eu começo, que para isso sou a viúva dolorosíssima. Cuidado!

DARIA: Você é desumana.

NAZÁRIA: E você, uma imbecil, uma imbecil, uma imbecil, é uma imbecil...

DARIA: Eu sou o quê? Porque para mim não ficou claro...

NAZÁRIA: Você é uma imbecil, uma imbecil.

DARIA: [*resmunga*] Cruel. [*grita*] Ai, ficamos tão sozinhas!

NAZÁRIA: Falei que eu começo, desgraça! E muito cuidado; não banque a esperta, ou te abro a cabeça a muletadas! Maluca! [*grita mais alto do que sua irmã*] Ai, alma pecadora, que nos deixa abandonadas neste vale de lágrimas! Venha e leve-me para o seu lado, tira-me desta angústia e suba-me ao regaço dos anjos!

DARIA: Ai, ficamos tão sozinhas!

AURORINHA: [*quase chorando*] Cocô!

NAZÁRIA: Tem piedade, Senhor, desta pobre alma que te entrego, porque já purgou em vida suas misérias! Piedade também para esta tua serva que fica abandonada com o peso de sua tristeza e de duas mulheres inúteis.

DARIA: Ai, ficamos tão sozinhas!

AURORINHA: [*entre lágrimas*] Cocô!

NAZÁRIA: Que dor a dos pobres mortais que ficamos nesta terra de sofrimentos! Ai, alma minha, rogue por sua esposa quando chegar à presença do Altíssimo! Lembra-te das que ficamos quando estiver na presença de tão Todo-poderosa Luz!

DARIA: Ai, ficamos tão sozinhas!

AURORINHA: [*a ponto de arrebentar*] Cocô, cocô, cocô, cocô, cocô, cocô, cocô, cocô!

NAZÁRIA: Daria, leva a neném, que quer cagar, e vê se você se anima um pouco com os prantos, rainha, e sofre com mais literatura, que parece que você se importa muito pouco.

Daria leva Aurorinha.

NAZÁRIA: Ai, que não somos nada! Ai, que pena de vida escura, lutando em uma angústia para acabar comido pelos vermes! Ai, meu pobre esposo, que não deixa filho que lhe herde, e me deixa com minha solidão e meu purgatório nas costas, com a triste companhia de uma virgem e uma idiota!

Voltam Daria e Aurorinha.

NAZÁRIA: Já?

DARIA: Agora ela diz que não quer.

NAZÁRIA: Malcriada.

AURORINHA: E você, puta.

NAZÁRIA: Caprichosa, boba de fio a pavio. Você está se empenhando em tornar minha vida impossível? É? Em tornar minha vida impossível você está se empenhando?

AURORINHA: E você, puta.

NAZÁRIA: Você está se empenhando em tornar minha vida impossível, a vida impossível? Está se empenhando em tornar minha vida...?

AURORINHA: [*aos gritos*] Puta, puta, puta, puta, PUTA MANCA!

NAZÁRIA: [*explosão de dor sem lágrimas*] Aiiii, Deus misericordioso! Perdoe-a, Senhor, porque a pobre inocente não sabe o que diz e nem nestas horas de dor se recata! Perdoa, meu Deus, esta pobrezinha ignorante que tem o coração mais negro do que o veneno! Perdoa esta sanguessuga que passa a vida chupando meu sangue há mais de cinquenta anos e me dê paciência para seguir suportando com humildade tudo o que o Senhor mandar!!!! É assim que você me paga por tudo o que eu faço por você? Má, você é má! Toda uma vida desperdiçada, toda a vida me sacrificando por vocês duas e é assim que vocês me pagam? Mal-agradecidas, pessoas más, fratricidas, que nem ao seu próprio sangue têm respeito! [*chora terrivelmente com os olhos secos*]

DARIA: Está exagerando. Também não é para tanto.

NAZÁRIA: Eu estou exagerando? Não é para tanto?

DARIA: Exagerada.

NAZÁRIA: O que é que você sabe, hein? O que é que você sabe...

AURORINHA: [*muito serena*] Cocô.

NAZÁRIA: O que é que você sabe? O que é que ela sabe sobre ficar inútil e só? O que é que ela sabe do quanto tenho lutado apesar de meu sofrimento? O que é que ela sabe dos meus sacrifícios? Você não sabe de nada...

DARIA: Que amarga, que atrabiliária que você é, minha filha.

AURORINHA: Cocô.

NAZÁRIA: O que é que você sabe?

AURORINHA: Cocô.

NAZÁRIA: Cala a boca, Satanás! Cala a boca e aguenta!

Silêncio longo. Entre os latidos dos cães, percebem-se as notas da marcha fúnebre de Chopin. As mulheres escutam até que o som se perde na noite.

DARIA: O que foi isso?

NAZÁRIA: Ulpiana com a caminhonete e o alto-falante.

DARIA: A essa hora?

NAZÁRIA: Você sabe como ela é, cachorra fiel.

DARIA: Se você está dizendo...

Silêncio. Aurorinha, já tranquila, cochila.

NAZÁRIA: Também esse homem... Tinha que ser. Morrer numa quinta-feira. Até para expirar é ordinário. Fenecer numa quinta quando neste povoado em todas as quintas fenece alguém. Podia ter dado seu último suspiro, sei lá, no domingo, na hora da missa, que causa muito efeito. Ou na segunda, quando trazem as verduras. Mas não, o senhor tinha que morrer numa quinta, como todo o mundo, morrer numa quinta, quinta e ele vai e morre...

DARIA: Deus vai te castigar.

NAZÁRIA: E por quê, posso saber? Por quê, por quê? Por dizer verdades, assim, na cara?

DARIA: Não estou com a menor vontade de discutir com você.

NAZÁRIA: A você é que Deus vai castigar por ser falsa e invejosa. O que é que você pensa que eu sou, uma idiota, que chupo o dedo?

DARIA: Não sei o que você está dizendo.

NAZÁRIA: Porque eu posso me fazer de boba, mas de boba, nem o cabelo do topete. O que você acha? Que eu não percebia como você o devorava com os olhos? Eu de boba, nem um fio de cabelo. Com os olhos você o comia!

DARIA: Vai começar a conversa mole?

NAZÁRIA: Hipócrita.

DARIA: Meu Deus, não leve em consideração, é a dor que a faz devanear. Rezarei uma ave-maria por você.

NAZÁRIA: Pode meter a ave-maria onde couber. Não quero nada seu.

DARIA: Que orgulho, Senhor, que orgulho terrível.

Silêncio.

NAZÁRIA: Vá ver onde está.

DARIA: Fui há pouco tempo.

NAZÁRIA: Vá ver onde está e não me responda. Vá ver onde está, vá ver, vá ver onde está.

Daria se levanta de má vontade, levanta a tampa do caixão, olha para dentro e volta a seu lugar com passinhos curtos e rápidos.

DARIA: Não se mexeu.

NAZÁRIA: Está demorando para partir. O das Galayas demorou muito menos.

DARIA: A gente sabe, cada morto é de um jeito.

NAZÁRIA: [*imita*] "Cada morto, cada morto." Como você é ordinária em tudo. Cada finado, cada falecido, cada defunto, cada extinto... "cada morto, cada morto, cada morto...".

Silêncio. Aurorinha acorda e cantarola.

AURORINHA: Azeite a esquentar
Facas a afiar
Para minha mulher matar
Lindaaaaa...
Putaaaaa...
Não chegam nem se debruçam
Ai, pobre de mim
Por esses caminhos tão sozinha!

NAZÁRIA: E agora o que é que deu nela?

DARIA: Sei lá! O cancioneiro popular.

NAZÁRIA: Vulgar.

DARIA: Era melhor quando cismava com a música americana.

NAZÁRIA: De onde essa descabeçada tira essas canções?

DARIA: Qualquer um sabe.

NAZÁRIA: A época das havaneiras foi boa.

DARIA: Pelo menos divertia.

NAZÁRIA: Evocava outros mundos e a alcova cheirava a sal.

DARIA: Agora está soturna. Só fala de assassinatos e facas.

NAZÁRIA: Deve ser a idade, que nos afeta a todas.

Silêncio.

AURORINHA: Balinhas.

DARIA: Pronto.

AURORINHA: Balinhas.

NAZÁRIA: Leva ela para comer umas balas.

DARIA: A Ulpiana que leve quando voltar.

AURORINHA: Balinhas.

NAZÁRIA: Leva logo senão ela fica nervosa e vamos ter que aguentar tudo de novo.

Daria empurra a menina pelo corredor resmungando. Nazária fica sozinha e, depois de se assegurar que ninguém a vê, corre sem ajuda da muleta até o caixão, levanta a tampa e olha para dentro. Para o defunto.

NAZÁRIA: José Rosário Antunes Valdivieso. Está me ouvindo? [*silêncio*] A vida toda a mesma coisa. Sempre o último em tudo. Até para deixar esse mundo você é preguiçoso. Para você dá no mesmo ir à missa das oito ou morrer. Sempre envergonhada por sua culpa. Sempre me deixando em evidência. Vadio. Toda a sua vida, você não foi mais do que um vadio sanguessuga. Quinta-feira, quatro da manhã, e o senhor aí, preguiçando e sem partir. Claro, como isso é uma coisa que você tem que fazer sozinho... Está pensando em ficar aí a vida toda? Tanta conversa, tanta conversa, e nada de nada. E o que aconteceria se o momento chegasse e você continuasse aí parado? Hein? O senhor quer me dizer o que aconteceria?

Escutam-se ruídos de fora. Nazária volta ao seu lugar rapidamente. Entra Daria.

NAZÁRIA: Como você volta sozinha?

DARIA: Ficou preparando a bandeja com as toalhinhas do enxoval.

NAZÁRIA: Mas como você pode deixar ela sozinha?

DARIA: Ela insistiu.

NAZÁRIA: Você não raciocina. Vá buscá-la imediatamente.

DARIA: Já está grandinha.

NAZÁRIA: Vá agora mesmo e sem reclamar, senão você vai voltar chorando.

DARIA: Não vai acontecer nada, teimou em ficar sozinha para preparar uma surpresa.

NAZÁRIA: Ainda por cima preparando uma surpresa. Você é uma calamidade, você está mais louca do que ela. Vá agora mesmo ver se ela não está botando fogo na casa toda ou evacuando pelos cantos. Uma surpresa, ela disse... Ela está ficando muito folgada. Vá lá! Vá lá!

Quando Daria vai responder, entra a menina com uma bandeja de prata coberta com uma toalhinha de renda e cheia de balas de violeta salpicadas de açúcar de confeiteiro.

AURORINHA: Balinhas!

NAZÁRIA: Ai, minha menina, e de violeta, como eu gosto.

AURORINHA: Balinhas para você não se chatear comigo.

NAZÁRIA: Oh, minha rainha, como eu vou me zangar com você, anjinho do céu? Com você? Me zangar? [*come uma bala*] De onde você tirou esta delícia?

DARIA: A Ulpiana deve ter trazido para o velório.

NAZÁRIA: Está certo comer isso sendo o luto tão recente? [*tira a bala da boca e a observa*] São roxas, a cor do Nazareno. Têm a cor do luto, do luto são e o luto elas aliviarão. [*come*]

AURORINHA: [*a Daria*] Come.

DARIA: Eu não gosto.

NAZÁRIA: Não seja arrogante. Pega uma e não deixe a neném chateada.

DARIA: Me deixam empanturrada.

AURORINHA: Come! Joguei açúcar de confeiteiro por cima.

DARIA: Não quero, não gosto.

AURORINHA: Não gosta de mim.

DARIA: Cada dia você está mais boba.

NAZÁRIA: Daria!

AURORINHA: Nunca gostou de mim, por isso enforcou meu gato.

DARIA: Ah, pronto.

NAZÁRIA: Come uma para não provocá-la.

DARIA: Me dão ânsias.

NAZÁRIA: Vontade que você tem de chamar a atenção.

AURORINHA: Matou o gato porque eu gostava dele. Malvada!

NAZÁRIA: Faz um sacrifício, egoísta.

DARIA: Essa é boa. Que eu me sacrifique? Eu, egoísta?

NAZÁRIA: O que você tá querendo dizer? Hein? Tá querendo dizer o quê?

DARIA: Nada. Traz para cá a bosta dessas balas.

NAZÁRIA: Ordinária.

DARIA: [*à menina*] Para você calar a boca. [*mete um punhado de balas na boca e, entre náuseas, mastiga e engole*]

AURORINHA: [*aplaude encantada*] Mais.

DARIA: Nem vem, bonitinha, mais, não. Agora senta e cala a boca.

AURORINHA: Bom, vou deixar elas aqui para o caso de vocês quererem mais. Têm açúcar de confeiteiro por cima.

Silêncio. Aurorinha olha para o caixão e, tristonha, cantarola.

AURORINHA: Esse cavalheiro, amigo,
morto está naquela pradaria.
Tem as pernas na água
e o corpo no areal,
sete lançadas tinha
do ombro ao calcanhar
e outras tantas seu cavalo
da cilha aos arreios.

NAZÁRIA: Está certo ela cantar tendo um corpo presente?

DARIA: Claro, não é muito alegre o que ela canta.

NAZÁRIA: Realmente está soturna.

DARIA: Isso não é nada.

NAZÁRIA: Vá ver onde ela anda.

DARIA: Outra vez? Acabei de ir.

NAZÁRIA: Não me responda, que você já aprontou com a menina.

Daria se levanta e olha dentro do caixão.

DARIA: Nazária, acho que já. Já vai começar.

NAZÁRIA: Me ajuda aqui, anda. Para onde está indo?

Daria escora Nazária e se aproxima do caixão.

DARIA: Acho que para antes de ontem. Olha, desapareceu a ruga da testa.

NAZÁRIA: Vá rápido. Os apetrechos estão prontos?

DARIA: Pode levar horas.

NAZÁRIA: Temos que estar atentas, senão vamos acabar enterrando um menino de primeira comunhão.

DARIA: Lembra bem do momento?

NAZÁRIA: Perfeitamente. E você também, não diga que não.

DARIA: Não começa com suas fantasias.

NAZÁRIA: E você não se faz de mosquinha-morta.

DARIA: Você tem os pensamentos sujos.

NAZÁRIA: E você o lenço de pescoço inteiro, sua porca penitente.

DARIA: Não quero discutir. As balas me caíram muito mal.

NAZÁRIA: Porque você comeu com nojo e cheia de melindres. Se não gostasse tanto de se fazer de vítima... Já está bom, me leve ao meu lugar e fique atenta.

Daria deixa Nazária em sua poltrona e coloca sua cadeira ao lado do caixão. Silêncio.

DARIA: Como demora essa mulher.

NAZÁRIA: Quem?

DARIA: Sua cadela mercenária.

NAZÁRIA: Olha como você é ruim e podre por dentro.

DARIA: O que ela é senão isso. Uma cadela mercenária e má.

NAZÁRIA: Sempre nos foi fiel.

DARIA: Mercenária.

NAZÁRIA: Você deveria lavar sua língua com sabão antes de pronunciar o nome dela.

DARIA: Mercenária.

NAZÁRIA: O dia em que você morder a língua vai se envenenar. Essa pobre santa deve estar andando pelos bosques, com a chuva que está caindo, avisando da desgraça que nos abateu.

DARIA: Pelos bosques? E o que ela perdeu em nossos bosques?

NAZÁRIA: Em MEUS bosques.

DARIA: Sobre isso teríamos muito o que discutir.

NAZÁRIA: Assim são as heranças. Mamãe é que sabia por que os deixava para mim. As heranças assim são.

DARIA: E também as artimanhas do seu defunto.

NAZÁRIA: Invejosa, traiçoeira. Se pudesse você me tiraria tudo o que é meu. O que é que você acha, que eu não sei que foi você que desengatou o carro?

DARIA: Começou o desvario.

NAZÁRIA: A mosquinha-morta da família, a que nunca quebrou um prato, a carmelita descalça...

DARIA: Sua pressão vai subir.

NAZÁRIA: É isso que você quer, que eu me arrebente inteira ou que um câncer me devore. Pois fique esperta, que pela lei da vida, serei eu quem vai te enterrar.

DARIA: Ai, Senhor, o que a gente tem que escutar.

NAZÁRIA: Você é como o cavalo de Átila. A menina tem razão: você matou o gato e você desengatou o carro, você desengatou o carro.

DARIA: Vou rezar um pai-nosso para que Deus te ajude.

NAZÁRIA: Você sempre teve inveja de mim, por isso você soltou o carro, mas aí você se enganou, rainha, porque continuo viva e requebrando. (...) E com mais saúde que um touro. (...) E viúva de engenheiro. (...) E poderosa e rica. (...) E dona da casa-grande. (...) E com bosques.

DARIA: Já acabou de dizer bobagens?

NAZÁRIA: Alma negra que está tão seca por dentro quanto por fora, seca de alma, de corpo, seca por dentro e por fora, por fora e por dentro seca, seca, ressecada como um graveto... [*silêncio*] O desgosto me deu vontade de urinar.

Daria se levanta com resignação, se assegura de que a menina dorme, escora Nazária e sai com ela. Aurorinha abre um olho, se certifica de que está sozinha, pega uma balinha de violeta, tira cuidadosamente o açúcar com a ponta do macacão e vai até o caixão, o destampa, coloca a balinha em forma de flor entre as mãos do defunto e, enquanto balança o caixão, canta com muitíssima ternura, como uma canção de ninar, esta havaneira:

AURORINHA: Adeus, adeus, estrela de meus dias,
adeus, meu amor, luz das minhas noites frias.
Adeus, meu amor, recorda que em minha vida
só há pena, só há pena
Se me falta você.
Com esta doce flor, eu me despeço.
Espere-me nas nuvens agitado,
espere-me e me reunirei contigo.
Que venha a morte, que venha a morte
se me falta você.

Beija o morto na testa. Ouvem-se as vozes de Nazária e Daria, que voltam. Aurorinha volta a seu lugar e finge dormir. Entra Daria carregando Nazária, a quem deixa na poltrona, e vai até sua cadeira, ao lado do caixão.

NAZÁRIA: Você anotou no livro de presença o nome de todas as que vieram?

DARIA: Sem faltar uma.

NAZÁRIA: Tem que fazer bem a recontagem, que logo virão cobrar a visita as que menos merecem. Senti falta da Lorenza dos Cucos.

DARIA: Ela morreu no mês passado.

NAZÁRIA: Numa quinta?

DARIA: É claro. A morte é igual para todos.

NAZÁRIA: E por que não me disse nada?

DARIA: Eu te disse.

NAZÁRIA: Não me disse.

DARIA: Eu te disse, Nazária.

NAZÁRIA: Eu é que sei, nem que eu estivesse perdendo a cabeça.

DARIA: Não quero discutir.

Silêncio.

AURORINHA: [*como se estivesse sonhando*] O bosque de carvalhos.

DARIA: Eu te disse e, além disso, eu não sou o obituário do jornal, então, da próxima vez, você mesma que busque a informação.

NAZÁRIA: Olha quem fala, como se você não gostasse de meter o nariz em casas alheias...

DARIA: [*resmunga*] Olha o sujo falando do mal-lavado.

NAZÁRIA: O que você está ruminando, camelo?

DARIA: Nada. Come uma bala de violeta.

Silêncio.

AURORINHA: Violetinhas nos bosquezinhos.

NAZÁRIA: Olha, não ficou nenhuma para nos acompanhar esta noite...

DARIA: Quero te lembrar quem foi você quem colocou todas para fora, dizendo que choravam tão alto que parecia que o morto era delas.

NAZÁRIA: Nada disso. Você é que as expulsou com seu veneno.

DARIA: Que absurdo.

NAZÁRIA: Absurdo? A troco do quê você disse aquilo para as filhas da Pelona...

DARIA: Já não se pode ser clara e transparente nesta vida?

NAZÁRIA: Ah! Você acha que transformar o pai delas em corno é ser clara e transparente?

DARIA: Eu não fiz nada mais do que comentar o que se falava.

NAZÁRIA: O que se falava pela sua boca, sua víbora.

DARIA: Não sou como você, não tenho malícia.

NAZÁRIA: Claro, por isso desengatou o carro.

DARIA: Que desengatei o carro o quê! Chega de dizer disparates.

NAZÁRIA: Só chega quando eu tiver vontade, que para isso você come do meu pão.

DARIA: E você se encarrega de me lembrar disso todos os dias.

NAZÁRIA: Para que você não esqueça nunca.

Silêncio.

AURORINHA: A terra dos carvalhos.

Daria se incomoda com as palavras de Aurorinha. Parece que foram dirigidas a ela.

DARIA: Que horas são?

NAZÁRIA: [*tirando o relógio do bolso*] Tarde. [*silêncio*] Como demora essa garota.

DARIA: A qualquer mula você chama de garota.

NAZÁRIA: Olha quem fala.

DARIA: Eu não sou uma garota, mas também não sou uma mula.

NAZÁRIA: Sim, claro. Te chamam de Flor de Canela.

DARIA: Pois eu era bem bonita quando era garotinha. Quando eu fazia dois coques laterais no cabelo, me chamavam de "a menina dos protetores de ouvido".

NAZÁRIA: Devia ser por isso que você não escutava bem os galanteios dos rapazes.

DARIA: Pois não me fizeram falta. Se não me casei foi porque não havia nenhum do meu gosto.

NAZÁRIA: Claro, e "por esperar marido de finura, as tetas chegaram até a cintura".

DARIA: [*demonstrando ter ficado sentida*] Tá bom, Nazária. Não me faça falar, não me faça falar...

NAZÁRIA: O quê? Que bicho te mordeu? Vá se coçar.

DARIA: Que crueldade, que fúria.

NAZÁRIA: E se te chateia o carro não ter se soltado. Não ter se soltado o carro. Que se dane. [*Daria começa a chorar*] Ahá, já saiu santa Maria Goretti.

DARIA: Você goza de mim e me faz sofrer, até o dia em que eu me canse... e aí eu quero ver o que vai ser de você.

NAZÁRIA: O dia que você se cansar será quando o meu moedeiro se cansar, e aí eu quero saber para onde você vai, panaca.

DARIA: Que injustiça, Senhor, que injustiça.

NAZÁRIA: E toma muito cuidado, senão quem vai se cansar sou eu.

DARIA: Eu sacrifiquei minha vida inteira por ela e só recebo em troca desprezo.

NAZÁRIA: E cama, e colchão, e pão branco, um bom cozido e um teto...

DARIA: A vida toda desperdiçada em função dela, como se eu tivesse culpa...

NAZÁRIA: E quem vai ter a culpa senão você? Tivesse pensado antes de desengatar o carro.

DARIA: Eu não sou como você. Por ser boa acham que eu sou boba. Se fiquei com você foi para te ajudar...

NAZÁRIA: Sim, a terminar com meus dias, como quando soltou o carro.

DARIA: O que você acha, que todo o mundo faz as coisas por interesse ou porque te deve algo? Pois não, senhor. Existem pessoas que ajudam o próximo por humanidade.

NAZÁRIA: Você está estupenda. Vai me fazer chorar.

DARIA: Desde o acidente tenho sido sua porca Gata Borralheira! Você só me dá dor e desgostos! Mal-agradecida!

NAZÁRIA: [*põe a mão no moedeiro que tem na bolsa*] Acabou. Quanto te devo?

AURORINHA: [*grita*] Violetinhas!!! O bosque!!!

NAZÁRIA: Chega! É o juízo final! É o juízo final!

DARIA: A menina! É o pesadelo de sempre.

NAZÁRIA: Água, água fresca para a menina. Acorda ela, Daria, acorda ela, Daria!

AURORINHA: O bosque!!! Os carvalhos!!!

Daria pega uma moringa e a esvazia inteira pelo gargalo sobre a menina.

NAZÁRIA: Como você é estúpida, vai matá-la de constipação!

AURORINHA: [*acorda sobressaltada com a água*] Ai! [*olha Daria nos olhos com uma luz e uma serenidade que estremecem*] Quando você voltou dos bosques, você tinha terra nas unhas.

Daria fica petrificada.

NAZÁRIA: Sua avoada, dá umas palmadinhas nela para ver se acorda de vez. Não está vendo que está sonhando e delirando? Sonhando e delirando!

AURORINHA: [*olha fixamente para Daria*] Tinha terra nas unhas!

DARIA: [*se recompõe, muito digna. Cheira Aurorinha*] A porcalhona se cagou de novo.

AURORINHA: [*voltando a ser menina e muito reclamona*] Cocô.

NAZÁRIA: Meu Deus do céu! A culpa é toda sua!

DARIA: [*fazendo cara de choro*] Como sempre.

NAZÁRIA: Ai, pobre vítima. Pobre, pobre vitimazinha...

AURORINHA: [*queixando-se*] Cocô.

DARIA: Pois agora, para deixar de ser porca, você vai ficar assim até que a Ulpiana volte.

NAZÁRIA: Claro, para que nos envenene o ar. Como se o defunto já não nos bastasse.

DARIA: E o que você quer que eu faça? Que eu a limpe?

NAZÁRIA: Exatamente.

AURORINHA: [*doloridíssima*] Cocô.

DARIA: Não faltava mais nada. A que ponto chegamos! Para que temos criada?

NAZÁRIA: TENHO criada.

AURORINHA: [*com um fiozinho de voz*] Cocô.

DARIA: Pois então que a SUA criada limpe a bunda da imunda da SUA irmã.

NAZÁRIA: Que é sua também, não se esqueça.

AURORINHA: Cocô.

DARIA: Se tivesse me escutado e tivesse levado ela para as freiras, estas coisas não estariam acontecendo.

NAZÁRIA: Ah, tá, bonitona, para que depois você saia por aí dizendo que levo o meu próprio sangue para o asilo.

Som de motor que se aproxima e para. As duas irmãs viram a cabeça para a porta. Soa a chave na fechadura.

NAZÁRIA: Quem é?

DARIA: É a sua égua manga-larga.

ULPIANA: [*do lado de fora*] Ai, Senhor, noite vai, água vem, jejua mal quem pão não tem.

Entra Ulpiana. Tem cerca de 60 anos. Passou a vida toda servindo Nazária, por quem, aparentemente, tem uma fidelidade canina. É muito grande, um pouco monstruosa, e sempre arrasta os pés. A cara é vermelha e marcada pela varíola. As mãos, enormes e encarnadas, cheiram a água sanitária e a muito trabalho. Vem molhada e seca-se com seu avental. Lentamente tira os sapatos, esfrega as pernas, inchadas de varizes, e se afunda numas sapatilhas de feltro, dessas usadas para encerar o piso.

DARIA: Demorou, hein? O que você estava fazendo por aí a uma hora dessas?

NAZÁRIA: Cala a boca, crocodilo, cala a boca e deixa que ela se seque!

DARIA: Vai saber de onde vem essa cavalona.

NAZÁRIA: Cala a boca, sua puta! Tem novidades?

ULPIANA: Nenhuma, senhora ama, nenhuma. Noite insone, presságios tenebrosos.

AURORINHA: [*com um fiozinho de voz*] Cocô.

NAZÁRIA: Coitada, pobrezinha, está aí, feito uma desgraçada.

ULPIANA: Ui, a senhorita Aurorinhaaa... cheira tão forte que exala.

AURORINHA: [*quase alegre ao ver Ulpiana, que ela evidentemente aprecia*] Babá!

ULPIANA: [*enquanto fala, tira o avental e o deixa no encosto da cadeira da menina*] Sim, senhora, a Babá, sim, que vai te limpar, que o bebê quer ser lavado e ficar limpinho, não é? Parece mentira. Tão grandinha e tão porcalhona.

AURORINHA: Aqui!

ULPIANA: [*a Nazária*] Aqui?

NAZÁRIA: Se a menina quer... vai ser melhor aqui, para que ela não faça outro escândalo.

A criada sai arrastando os sapatos. Aurorinha vasculha os bolsos do avental de Ulpiana. Encontra um pedacinho de pão que começa a chupar e uma chave enorme que, dissimuladamente, esconde embaixo da gola da roupa.

DARIA: Que ótimo, aqui! E com um corpo presente!

NAZÁRIA: E daí? Estamos sozinhas.

DARIA: Você não disse que envenenava o ar? Que porcaria!

NAZÁRIA: Cala a boca.

DARIA: Que porcaria! Parece mentira que isto seja a casa-grande! Que imundície! Nem os selvagens.

NAZÁRIA: Fica calada porque você se salvou por um triz. Por um triz você se salvou, por um triz, então, cala a boca e dê graças a Deus por não ter que limpá-la você e com a sua língua.

Entra de novo Ulpiana, precedida pelo barulho do arrastar das suas sapatilhas. Traz uma bacia de água e uma esponja.

AURORINHA: [*chupando o pedacinho de pão*] "Babá, me dá um beijo."

ULPIANA: "Sua bunda não está para isso."

Riem. Fica evidente que têm um código que mais ninguém conhece. Aurorinha fica de bruços e Ulpiana vai limpando a bunda com a esponja.

DARIA: Belas palavras para ensinar a uma menina.

NAZÁRIA: Falou Sêneca, a corretíssima.

DARIA: Você dá confiança demais aos serviçais.

NAZÁRIA: Faço o que eu quiser, porque isto tudo é meu.

DARIA: Irmãzinha querida, tão fina para umas coisas e a esta aí você permite tudo.

NAZÁRIA: Vai cuidar do que é seu e do defunto, que você deixou muito abandonado.

Daria volta para o caixão, resignada. No meio do caminho sente uma cólica.

DARIA: Minha barriga está virada do avesso. Estou com câimbras. As malditas balas.

NAZÁRIA: Está me deixando mal com suas apreensões.

DARIA: Se não tivesse quase me obrigado a comê--las...

NAZÁRIA: Se você não fosse tão nojenta...

Daria chega ao caixão, abre-o e grita.

DARIA: Nazária! Nazária, ele perdeu uns vinte anos!

NAZÁRIA: Corre, me leva para perto, rápido.

Daria carrega Nazária e a senta junto ao ataúde. Todas correm para ver o prodígio, Aurorinha com as saias levantadas e as meias caídas.

NAZÁRIA: Ai, Deus, o terno vai explodir!

ULPIANA: O defunto era mais velho. Com a doença se consumiu muito. O velho encolhe e a velha se contorce.

DARIA: Você destrói os provérbios.

NAZÁRIA: Bem que eu disse que devíamos ter posto nele um terno antigo. Ou o uniforme de guarda-marinha. [*a Daria*] Eu disse a você, disse, e você, como sempre, fazendo o que te dá na telha. Sempre o que te dá na telha, e eu te disse, te disse, te falei do terno e do uniforme. Falei ou não falei?

DARIA: Já vai afinar um pouco, aos 60 estava muito gordo.

NAZÁRIA: Sim, espertinha, mas quando era jovem era robusto e parecia um touro com seu uniforme de guarda-marinha.

DARIA: O uniforme estava comido pelas traças.

NAZÁRIA: Pois devia ter colocado hidrocarboneto. Ai, a gola da camisa está estrangulando o pescoço dele.

DARIA: Então solta o botão e acabou-se o problema.

NAZÁRIA: [*prestes a ter um ataque histérico, bate em Daria com a muleta*] Criatura das profundezas! Doente! Por sua culpa! Sempre estragou tudo! Vampira! Sempre me arruinando a vida! Você fez de propósito, fez de propósito, fez de propósito...

ULPIANA: Senhora ama, pelo amor de Deus, que o irmão ajuda e o cunhado desfruta.

DARIA: Deixa, deixa que desabafe, estou aqui para isso. Eu vim a este mundo para aguentar e sofrer. Deixa que me martirize, que estou ganhando o céu. Melhor sofrer a dor do que merecê-la.

NAZÁRIA: Hipócrita! Fariseia! Sepulcro caiado!

ULPIANA: Ai, senhora, parece que está diminuindo. [*silêncio. Todas prestam atenção*] Ai, senhora, está desinchando, está ficando magro como um Saturno!

NAZÁRIA: Isso foi pela dieta que fez por causa do diabetes. Mas lembre-se de que antes disso estava como um porco. Vamos afrouxar o cinto, soltar os botões, que em um ano vai arrebentar as costuras.

Ulpiana, Daria e Nazária se ocupam do cadáver.

AURORINHA: De quem vocês falam tanto?

ULPIANA: Do cunhado da senhorita.

AURORINHA: E onde está esse senhor?

ULPIANA: Não o vê, menina?

AURORINHA: Não.

NAZÁRIA: Não venha agora seguir a cabeça dessa inconsciente e me ajuda aqui com os sapatos, que as unhas crescem e destroem o couro.

AURORINHA: [*debruçando-se sobre o caixão*] Não é um senhor, é um boneco de cera.

DARIA: [*tira do caixão a bala de violeta*] E isso?

Aurorinha dá de ombros e cantarola.

AURORINHA: Azeite a esquentar,
Facas a afiar,
Para minha mulher mataaaar...

DARIA: Não se faça de boba, que para o que você quer, você sabe mais do que as cobras. O que isso estava fazendo no caixão?

AURORINHA: Não sei.

NAZÁRIA: Deixa a menina tranquila e continua com os botões.

DARIA: Sacrílega! Não tem respeito por nada, nem pelos vivos nem pelos mortos.

NAZÁRIA: Deixa a menina e ajuda.

DARIA: Essa pirralha, a gente dá o dedo e já quer logo a mão.

NAZÁRIA: Quer deixar a menina em paz? O defunto era meu, não é? Pois para mim não tem a menor importância que ela lhe dê balas.

DARIA: Você mima muito ela. Com umas pancadas eu tirava essa bobeira toda.

Aurorinha sai correndo até onde está a bacia e termina de se lavar de cócoras.

AURORINHA: Matou o gato e agora quer me matar.

DARIA: Vontade não me falta.

AURORINHA: Criminosa. Já está pronta, pronta, repronta.

NAZÁRIA: [*terminando o adereço do defunto*] Pronto. Vamos ver se agora você não se distrai e faz o que tem que fazer. Cada uma com a sua tarefa, que não quero vagabundas na minha casa. Na minha casa não quero vagabundas. Não quero vagabundas. Me leva para o meu lugar. [*Daria carrega a irmã para seu lugar*] Aqui não quero vagabundas, entendido?

ULPIANA: [*que se atrasou terminando de arrumar o cadáver*] Senhora ama, as pernas estão começando a sair por baixo dos tecidos.

NAZÁRIA: Valha-me Deus! Traz a caixa de costura e que se arrume esta catástrofe.

DARIA: A Ulpiana que cuide dos bagos, porque eu não estou aqui para isso.

NAZÁRIA: Você está para o que eu mande. Para o que eu mande. Tivesse sido precavida e vestido nele um terno antigo. Ulpiana, a caixa de costura. [*Ulpiana sai. Fala alto*] Traz também um pente e água-de-colônia, que daqui a dez anos vai começar a crescer o cabelo.

AURORINHA: [*canta enquanto se lava na bacia e olha desafiante para Daria*]
Morta está sua namorada
morta está, que eu a vi
caixão cheio de ouro
e andor de marfim
estive na morte dela
triste, coitado de mim
e de você tem ainda mais pena
do que da própria morte.

DARIA: Se vai cantar esses disparates, pelo menos cante bem. Falta metade da música.

AURORINHA: Não é verdade.

DARIA: Falta aquela parte do pano de Paris e das tochas:
A mortalha que levava
é de um pano de Paris,
as tochas que lhe levavam,
triste, eu as acendi.

AURORINHA: Isso é de outra.

DARIA: Não, menina, é dessa:
...a mortalha que levaaaava...

AURORINHA: Não, é de outra.

DARIA: ...a mortalha que levaaava...

NAZÁRIA: Está me dando enjoo.

DARIA: São as balas. Empanturram.

NAZÁRIA: Não sei qual das duas é mais idiota.

Entra Ulpiana com uma toalha e roupa limpa para a menina, a caixa de costura para Daria e água-de-colônia e um pente para o defunto.

DARIA: [*a Ulpiana, enquanto pega a caixa de costura e se dispõe a costurar*] Seca essa tonta para ela não pegar um resfriado.

Ulpiana seca a menina e lhe coloca roupa limpa.

AURORINHA: Tonta é você.

DARIA: Gagá.

NAZÁRIA: Daria!

DARIA: O que ela é senão uma velha gagá.

NAZÁRIA: Daria, pelo amor de Deus, que eu vou desmaiar!

DARIA: Sabe Deus o que essa bruxa colocou nas balas. Se pudesse, envenenava nós duas.

NAZÁRIA: Não diga barbaridades.

AURORINHA: [*canta aos gritos para provocar Daria*]
Morto está seu namorado,
morto está, que eu o vi;
eu estive na morte dele,
triste, coitada de mim,
e de você ele sente mais pena
do que da própria morte.

DARIA: [*muito violenta, joga nela um carretel*] Cala a boca, você está me deixando doente!

AURORINHA: Assassina! [*sai correndo diante da impotência de Ulpiana*]

NAZÁRIA: Viu o que você fez? Que beleza. Você deve estar contente, não?

ULPIANA: Ai, a senhorita Aurorinha fugiu sem colocar a anágua.

NAZÁRIA: [*a Daria*] Vá buscá-la.

DARIA: A Ulpiana que vá.

NAZÁRIA: Foi você que provocou, você vai buscá-la, você provocou. Bonito o que você fez, bonito o que você fez, muito bonito o que fez...

ULPIANA: Agora ela vai se esconder e qualquer pessoa pode encontrá-la. Da última vez estava às escuras no sótão.

NAZÁRIA: Que foi? Ficaram bobas ou o quê? Vão correndo buscá-la, senão vamos ter outra desgraça para chorar.

DARIA: [*resmungando*] Não teremos essa sorte.

Saem Ulpiana e Daria o mais rápido que podem. Nazária escuta por alguns segundos e, quando acha que já estão suficientemente longe, se levanta e dá uma corridinha até o caixão. Levanta a tampa e observa o defunto com desagrado.

NAZÁRIA: [*ao defunto*] José Rosário Antunes Valdivieso: está me ouvindo? [*silêncio*] Mas olha só como está gordo. Um porco castrado. Ai, como você era, e como se deixou ficar. "Foi o diabetes, o diabetes...", uma ova! O senhor já tinha se arranjado com a ricaça da casa-grande e, claro, com a vida ganha, cuidar-se para quê? Muito vinho ácido e muitos torresmos, é isso o que você tem. Muito vinho e muitos torresmos, muitos torresmos. Não sei como você não arrebenta. Olha só que barriga. Dá náuseas. E como eu era na época. Que maturidade mais esplêndida. De chamar atenção, sim senhor. O nariz um pouco grande, isso sim... mas que nariz! Aristocrático, com caráter. Um nariz tem que ser um nariz. Um nariz é um nariz e o resto é bobagem. Uma senhora fêmea, como tem que ser. Grande, de ancas largas, peitos generosos... O nariz um pouco grande, admito, mas... que estatura! Que porte! Que formas! Por algum motivo me chamavam Nazária, a poderosa. E feminina? A mais. De chamar atenção... E você? Como um porco castrado, transpirando toucinho até pelas narinas. Torresmeiro! Não sei o que a estúpida da minha irmã vê em você. Claro, porque ela, quando vê um par de calças, fica louca...

Junto com as últimas palavras de Nazária entra Daria sufocadíssima.

DARIA: Desapareceu... [*fica perplexa ao ver que a irmã está de pé e caminhando*] Você pode andar!!!

NAZÁRIA: [*completamente surpreendida, dá voltas em torno de si mesma tentando buscar uma desculpa, até que se deixa cair na cadeira*] Ai, que trabalho me custou chegar até aqui!

DARIA: Você consegue andar!

NAZÁRIA: Tive que vir me arrastando para ver como estava o defunto!

DARIA: A vida toda te carregando e você consegue andar!

NAZÁRIA: Baixa o tom que tem um corpo presente e agora você é que está sendo muito exagerada.

DARIA: [*que continua sem acreditar*] Você consegue andar!

NAZÁRIA: Que imaginação você tem! Enxerga visões.

DARIA: Você consegue andar!!!

NAZÁRIA: Milagre, foi isso. Foi um milagre. De repente, ahá! Recuperei o movimento. Milagre! Milagre!

DARIA: Mais de cinquenta anos te aguentando, cinquenta anos arrebentando meus rins te carregando...

NAZÁRIA: Foi por menos tempo, exagerada, menos...

DARIA: ...e a muito mentirosa consegue andar!!!

NAZÁRIA: Se você não tivesse desengatado o carro.

DARIA: Vá à merda com essa porra de carro!

NAZÁRIA: Daria!

DARIA: Pena que não passou por cima de você.

NAZÁRIA: Bem que você ia ter gostado.

DARIA: Claro que teria gostado, déspota! Te ver como um mingau, botando as tripas pela boca afora...

NAZÁRIA: Daria!

DARIA: Que Daria, que nada. Mentirosa! Malnascida! Tirana!

NAZÁRIA: Cala essa boca, maldita, ou te enfio a muleta.

DARIA: Ha, ha e ha. Eu rio dessa sua muleta. Queria que o carro tivesse te partido em duas.

NAZÁRIA: Virgem do Perpétuo Socorro! É verdade! Foi você que desengatou o carro!

DARIA: Claro que desengatei o carro, você acha o quê? Que os carros se desengatam sozinhos?

NAZÁRIA: Criminosa! Assassina!

DARIA: E você, ladra. Ladra e mentirosa.

NAZÁRIA: Traíra Absalona! Homicida de sua própria casa!

DARIA: E eu estava tão feliz que o carro, pelo menos, tinha te quebrado a espinha!

NAZÁRIA: Pérfida!

DARIA: E nem isso! Tudo mentira! A víbora estava fingindo!

NAZÁRIA: Vampira! Monstro!

DARIA: Monstro, eu? E você é o quê? Cinquenta anos se fazendo de incapaz! Cinquenta anos me jogando na cara seu trauma!

NAZÁRIA: [*chora sem lágrimas*] Por quê, meu Deus, por quê?

DARIA: Por quê? Por quê? Ainda tem a pouca vergonha de me perguntar por quê?

NAZÁRIA: Baixa a voz que a serviçal vai te escutar.

DARIA: Que me ouça o papa! Que saiba, que Deus escute e todo o mundo! [*aos gritos*] Nazária é uma falsa! Nazária consegue andar!

Entra Ulpiana com a menina, que chupa o polegar, adormecida nos braços da empregada.

ULPIANA: Sono tranquilo não teme barulho. Claro, para ela já passou da hora.

DARIA: [*fora de si*] Olha sua senhora, cachorrona, olha como nos enganou a todos. [*Ulpiana, sem se alterar, coloca a menina na cadeira de balanço. Daria compreende*] Você já sabia, não é? Claro que sabia, e estava encobrindo isso!

ULPIANA: O cachorro, para merecer, não morde a mão que lhe dá de comer.

DARIA: Todo mundo sabia, menos eu. Na certa, até essa imbecil. [*desaba em sua cadeira, abatidíssima*] Sou uma infeliz, uma vítima.

NAZÁRIA: Por isso você desengatou o carro, para ficar com tudo o que é meu. Ficar com meu engenheiro, com as minhas terras e com a minha cachorra.

DARIA: Seu? Uma merda que é seu. Tudo me pertence, tudo. A herança é para a primogênita. Se eu tivesse tido minhas terras e meu dinheiro queria ver com qual das duas o engenheiro teria se casado.

NAZÁRIA: Homicida. Loba raivosa.

DARIA: Me deixa em paz, sua falsa.

Silêncio denso e longo. As duas irmãs viram de costas uma para a outra e cada uma rumina baixinho. Ulpiana cobre a menina com um xale.

ULPIANA: O bezerrinho e o menino em agosto têm frio. [*do lado de fora, os cachorros latem, cai a chuva e retumba um trovão. Ulpiana olha para o alto*] Chuva no verão não deixa nada são.

DARIA: Cala essa boca, Sancha Pança.

A tempestade fica mais violenta. Os cachorros também. Ulpiana fica em silêncio enquanto limpa o chão, sentada num banquinho, como para passar o tempo. Nazária seca as lágrimas com um lenço bordado. Daria fuma. A menina sonha.

NAZÁRIA: [*solene e muito doída*] Ulpiana, acompanhe-me até o quarto que preciso descansar um pouco. Não estou nada bem e há visões que me deixam ainda pior. Traz a menina para que se deite um pouco. Está muito tarde para ela.

Saem Nazária e Ulpiana com a menina nos braços. Daria mastiga sua raiva. Depois de um tempinho, se levanta e se aproxima da cabeceira do caixão.

DARIA: [*ao defunto*] José Rosário Antunes Valdivieso. Está me ouvindo? [*silêncio*] Está contente? Tudo isso é por sua causa. Se tivesse ficado em sua ilha tropical todas nós estaríamos mais tranquilas. O filhinho de papai dos caracoizinhos. O engenheirozinho de cabelo engomado entrando na taberna a cavalo, vestido de guarda-marinha. E nós três como imbecis, como as estúpidas que éramos, babando e escutando suas histórias de mulatos e coqueiros. Guarda-marinha. Vai saber de onde você tirou esse uniforme de engana-bobas. Você nunca foi guarda-marinha em sua vida, a mim não me engana. Guarda-marinha. Ha. E muito menos em Cuba. Ha. Morro de rir. [*esbofeteia o cadá-*

ver] Filhinho de papai. [*olha para a esquerda e para a direita. Levanta as saias e se coloca de cócoras sobre o defunto*] Queria água? [*urina no defunto*] Pois então toma água. Não é da praia de Varadero, mas também é morna e salgada. Como pode ver, me lembro bem de todas as suas lorotas. De todas. [*sombria*] Até das que não quero. Já sei que esta não é a melhor maneira de chorar você, mas como diz a piada, cada uma chora como sente. [*silêncio*] Ou por onde sente. [*desce do caixão*] Se a estúpida da sua viúva disser alguma coisa, diremos que é de quando você naufragou na baía de Matanzas. Não acho que você vai me contrariar, não é? Melhor assim, caladinho, que sua conta está alta. E penteia o topete, que você dá medo. [*cobre o defunto com o pano preto*] Tanta paz leva quando descanso deixa.

Entra Nazária, de anágua, com a roca no cinto. Sem olhar para Daria, senta-se muito digna na poltrona e começa a fiar.

DARIA: Você não se recolheu? [*Nazária não responde*] Você não ia descansar um pouquinho? [*silêncio*] E a neném? [*silêncio*] O que aconteceu? Não vai me responder? [*silêncio*] Ficou chateada? [*silêncio*] Nazária... [*silêncio*] Nazária... era uma brincadeira. É que você me tira do sério e me faz dizer disparates... [*silêncio*] Querida, também não é para ficar assim...

NAZÁRIA: Late, vira-lata, que não te escuto.

Silêncio. Entra Ulpiana e senta-se para cerzir meias num canto. Nazária tira um leque preto do bolso e começa a se abanar com energia.

DARIA: Está com calor? [*Nazária não responde. Daria repete a pergunta, elevando o tom, como quando se fala com surdos*] Está com calor? [*silêncio*] Ulpiana, abre os postigos para ver se refresca um pouco. [*Ulpiana sinaliza que vai se levantar*]

NAZÁRIA: Ulpiana, fique onde está e diz a essa víbora Jezebel que eu decido se são abertos ou não os meus postigos.

DARIA: Ulpiana, diz a essa traidora Iscariota que por mim ela que se cozinhe inteira.

NAZÁRIA: Diz a essa vulgar filisteia que meus calores são meus e que faço com eles o que eu quiser.

DARIA: Diz a essa Barrabás que os calores são do mau humor que ela tem.

NAZÁRIA: Diz a essa praga do Egito que sabe perfeitamente que tenho calores desde que entrei na menopausa.

DARIA: Diz a essa fariseia sinedrina que não se gabe, que quando isso aconteceu você ainda usava tranças e brincava de adivinhação, e que ela já nem lembra mais.

NAZÁRIA: Diz a essa irritante Putifar que vou arrastá-la pelos quatro cabelos que ainda lhe restam.

Entra a menina, de camisola e touca, abraçada a um gato de pano.

AURORINHA: Tô com sede.

Suas irmãs, indignadas, nem se viram para olhá-la. Ulpiana se levanta e lhe dá o jarro. Aurorinha bebe, seca a boca com a manga da camisola do avesso e estica decididamente a mão para a bandeja com as balas.

ULPIANA: [*alarmada*] Cuidado com a boca, senhorita, isso não se come!

Nazária e Daria se viram surpresas. Aurorinha toma um susto.

AURORINHA: Por quê?

ULPIANA: Porque o açúcar faz mal para os dentes.

AURORINHA: Mas eu já não tenho nenhum...

NAZÁRIA: Deixa ela que não vão fazer mal.

ULPIANA: É que... como ela anda com o intestino um pouco solto...

AURORINHA: [*mimosa*] Quero uma balinha.

NAZÁRIA: [*se abana com força*] Deixa que coma, vamos ver se vai ser pior o remédio do que a doença.

ULPIANA: Vamos fazer uma coisa, senhorita Aurora: vamos jogar uma partida de ludo. Se eu ganho, a senhorita come, e se ganha a senhorita, como eu.

AURORINHA: Tem que ser ao contrário. Você não sabe de nada, Babá.

ULPIANA: [*pega o tabuleiro*] Assim é mais divertido.

AURORINHA: Mas, boba, eu não quero ganhar para você comer a bala.

ULPIANA: Vamos ver, senhorita, já vamos ver... [*reparte as fichas e os dados*] Vermelho e preto, as cores do inferno.

AURORINHA: Nana, você é bobinha, não tem preto... e, depois, eu quero o verde.

ULPIANA: [*dá à menina o copinho com os dados e as fichas verdes*] Verde é o olival e verde há de ficar. Jogue o dado, senhorita, para ver quem começa. [*Aurorinha joga o dado*] Três, a Santíssima Trindade... [*Ulpiana joga o dado*] Cinco...

AURORINHA: Cinco, pela bunda eu te finco.

DARIA: Aurora!

Aurorinha responde a Daria pondo meio metro de língua para fora. Começam a partida.

DARIA: Farta. Estou farta desse povoado, estou farta desse calor, desse corpo errado, dessa cachorra, dessa menina idiota...

Nazária, muito digna, pega o frasco de colônia e penteia delicadamente o defunto.

AURORINHA: Seis, jogo de novo.

DARIA: Está me escutando? Farta! Estou farta!

NAZÁRIA: [*ao defunto, com ternura*] Seu cabelo está ficando mais enrolado e mais preto!

AURORINHA: Outro seis! Vou te comer, vou te matar!

ULPIANA: Quem ganha a primeira, não ganha a derradeira.

DARIA: Farta...

NAZÁRIA: [*penteia o defunto*] Que cabeleira, parece o Riquete do Topete.

DARIA: [*arrasada*] Farta...

ULPIANA: Outro seis, senhorita, para a casinha, que chove.

AURORINHA: Armadilha, armadilha...

Trovão descomunal. A luz oscila. Todas ficam caladas e olham assustadas para o alto.

ULPIANA: Noite ruim para as almas.

NAZÁRIA: Deus chove lanças!

ULPIANA: Para baixo, como é de costume.

DARIA: Chovem canivetes.

AURORINHA: [*que continua jogando ludo*] Um três! Eu como o vermelho outra vez!

Outro trovão muito mais próximo. A luz se apaga. Os cachorros latem com vigor. Uma corrente de ar apaga os círios do caixão. Todas gritam.

ULPIANA: São as almas dos mortos velhos, que, com a chuva, se reviram na sepultura e saem a penar por seus pecados.

NAZÁRIA: Um raio, isso foi só um raio!

DARIA: Onde será que caiu?

AURORINHA: [*assustada*] Babá, não vejo. Não me engane, que eu não enxergo nada.

O barulho das sapatilhas de Ulpiana na mais completa escuridão. Som do portão se abrindo. Os latidos ficam muito nítidos e próximos.

ULPIANA: Negro como boca de lobo. Não se vê nada nem o ar circula.

NAZÁRIA: Bonito enterro vamos ter amanhã.

DARIA: Bonita noite para um velório.

ULPIANA: Senhora, tem uma claridade no bosque! Estão ardendo os carvalhos!!!

AURORINHA: [*assustada*] Babááá...

NAZÁRIA: As velas grandes, temos que acender as velas grandes.

AURORINHA: Babááá...

Breve esplendor. As mulheres acendem as grandes velas ao lado do caixão do defunto. Ao se iluminar a cena, vemos Aurorinha encolhida num canto e abraçada ao gato de pano. Ulpiana, Daria e Nazária correm para abrir os postigos, por onde observam o fogo ao longe. Aurorinha continua em posição fetal.

AURORINHA: Babááá, sai daí, está queimando...

NAZÁRIA: Virgem dos Desamparados, o bosque, o bosque, meu bosque de carvalhos...

AURORINHA: ...me queima, me põe em brasa... tão pequenininho...

NAZÁRIA: Meu bosque, meus carvalhos, meu bosque...

DARIA: [*a Nazária*] Não sofra, que chove a cântaros e não venta. Logo, logo o fogo se apaga.

NAZÁRIA: Olhem a harpia perversa, como se delicia com a minha desgraça...

DARIA: Será possível...?

NAZÁRIA: Fala com meu cu que é de graça.

AURORINHA: ...se consome... tão pequenino que cabia no bolso do avental...

DARIA: Será possível? Até quando tento te consolar. Tomara que se queime toda a fazenda.

NAZÁRIA: Cala a boca, babilônia!

ULPIANA: Fogo e água o tempo apaga.

AURORINHA: Encharcado no barro e queimado no fogo...

DARIA: E essa besta quadrada que não para de falar bobagem.

NAZÁRIA: Meus carvalhos...

ULPIANA: Ai, horas tristes, quão diferentes são do que já foram...

DARIA: Loucas, todas loucas de pedra.

AURORINHA: [*ninando o gato e cantarolando*] ...miudinho, pequenino, minúsculo, torradinho, afogadinho...

ULPIANA: Olha só, senhora, o fogo está morrendo... as chamas se apagam...

DARIA: Era o que eu estava dizendo...

AURORINHA: [*ninando o gato*] ...esqueletos de carvão, crianças de fumaça, carne abrasada...

NAZÁRIA: Graças a Deus. Bendita, bendita chuva.

AURORINHA: [*se levanta e, sem deixar de ninar o gato, come Daria com os olhos*] ...fogo de santo Antônio, consome o seus braços e transforma seu nariz em pó...

ULPIANA: [*benzendo-se*] Bendita seja a chuva que dá de beber e bendito seja o ventre que o céu sente...

AURORINHA: [*na frente de Daria, perdida*] ...fogo de Deus no bem-querer, amém, amém; fogo de Satanás no malquerer...

DARIA: [*à menina*] Está gagá.

AURORINHA: [*sempre para Daria*] Você tinha terra nas unhas.

DARIA: E se eu te dou um sopapo?

NAZÁRIA: Não se atreva...

AURORINHA: Você levou ele embora.

NAZÁRIA: E que diabos deu nela agora?

ULPIANA: [*misteriosa*] Ela sente coisas que nós não vemos.

DARIA: Bobagens de velha gagá.

AURORINHA: Você o levou, você o levou, você o levou, você o levou, você o levou... [*soluços muito pequenininhos*]

NAZÁRIA: Mas... o que você fez com a minha menina?

DARIA: Loucuras dela.

AURORINHA: Você tinha terra nas unhas.

DARIA: Nem dê ouvidos a ela. [*tenta dar meia-volta, mas Aurorinha interrompe seu passo*]

AURORINHA: Chorava um pouco, mas sem fazer barulho, e você tinha as unhas cheias de terra.

DARIA: Deve estar querendo fazer cocô.

AURORINHA: Cocô sua boca, assassina.

NAZÁRIA: Que raiva que ela está sentindo de você...

AURORINHA: Terra nas unhas por ter cavado embaixo do carvalho.

DARIA: Cala a boca, caduca, palhaça.

NAZÁRIA: Cala você, deixa, deixa que desabafe.

DARIA: Só diz loucuras, devia tomar um chá de camomila.

AURORINHA: Chorava, e você tapou a boca dele com terra, como fez com o gato. Assassina, assassina de gatos...

DARIA: Viu? Delírios. E já vem com a história do gato.

ULPIANA: Não, senhorita, não é do gato que a menina está falando...

DARIA: E quem te deu vela neste enterro?

AURORINHA: Assassina de gatos, assassina de crianças...

NAZÁRIA: Mas de que crianças ela está falando?

DARIA: E como você quer que eu saiba?

NAZÁRIA: Porque você cala mais do que diz.

AURORINHA: Cavei embaixo de uma árvore no bosque e encontrei seu esqueleto... um esqueleto branco, esqueleto de bebê sujo de terra...

DARIA: [*fora de si*] Cala a boca, cala a boca! Não dê atenção, não dê atenção, Nazária, que ela quer nos deixar tão loucas quanto ela.

AURORINHA: Nem de mamar lhe deu tempo, procurava meu peito e você o arrancou...

DARIA: Cala a boca, cala, louca.

NAZÁRIA: Daria, rainha, você está ficando pálida.

AURORINHA: Nem de mamar lhe deu tempo. "O levo ao padre", disse, "deixo-o na Misericórdia e volto." Depois chovia e você tinha terra nas unhas...

NAZÁRIA: Daria, você está perdendo a cor.

AURORINHA: Os peitos me doíam porque vertiam leite. Me doía embaixo porque vertia sangue. Me doíam as carnes porque vertiam medo. Tinha terra porque você lhe tapou a boca. Tapou-lhe a boca embora não chorasse. Assassina! Assassina!

Corre até o portão e sai. Antes que as outras mulheres reajam, escutam-se duas voltas de chave na fechadura. Ulpiana e Nazária tentam abrir, mas não podem. Daria desaba numa cadeira.

NAZÁRIA: Aurorinha! Aurorinha!

ULPIANA: [*procura nos bolsos de seu avental*] Ai, senhora ama, ela me roubou a chave e nos deixou trancadas.

NAZÁRIA: Aurorinha, abre! Deixa a gente sair!

ULPIANA: Não te ouve. Deve ter saído correndo...

NAZÁRIA: Abre! Se eu te pego, te mato! Abre, condenada!

ULPIANA: Não se esforce, senhora, ela não ouve.

NAZÁRIA: E agora, o que fazer?

ULPIANA: Esperar que ela volte. Não tem remédio. Quem espera sempre alcança.

NAZÁRIA: E se essa insensata não volta?

ULPIANA: Sempre volta a ovelha ao rebanho.

NAZÁRIA: Sair é impossível. Todas as janelas estão gradeadas.

DARIA: [*sombria e olhando para o nada, discute mais por costume*] Você e sua mania de ladrões. Eu te disse que quando menos esperássemos íamos ter um desgosto. Deus queira que ela não coloque fogo na casa e morramos todas torradas.

NAZÁRIA: Ainda está aqui, alegria da casa?

DARIA: E onde você queria que eu estivesse? Estou trancada aqui, igual a você.

NAZÁRIA: Cala a boca e não me obrigue a discutir que não ando muito católica.

DARIA: Não, rainha, você é mais uma judia do Antigo Testamento.

NAZÁRIA: Não me provoque, Daria, não me provoque, não me provoque que não estou para festa...

DARIA: Não é a minha intenção.

NAZÁRIA: Pois se não é sua intenção me conta que história é essa dos bebês, da terra, dos gatos e dos carvalhos... Conta, que terra e que bebê morto...?

DARIA: Se você vai dar atenção a tudo o que essa demente diz...

NAZÁRIA: Pode ser uma demente, mas te deixou branca como cal.

Trovão. Um sopro de ar apaga outra vez as velas. As mulheres gritam. Depois, só se ouvem os latidos dos cachorros e, de vez em quando, uma rajada de vento.

ULPIANA: As almas... são as almas velhas que nos lembram das penas do purgatório...

NAZÁRIA: E essa menina boba, sozinha por esses descampados...

Escuridão e trovões. A tempestade piora, pavorosa. As mulheres gemem na sala escura, só iluminada, de vez em quando, pela claridade de um relâmpago. Ulpiana levanta a tampa do caixão e observa o defunto.

ULPIANA: Senhora ama, o momento se aproxima.

NAZÁRIA: Deus do céu, este homem é oportuno em tudo.

Nazária e Daria se aproximam do caixão. Observam o defunto e, ao fazê-lo, a expressão delas se transforma numa careta de felicidade. Silêncio. As mulheres sorriem e se olham, em transe, quase formosas, unidas por alguma coisa sobrenatural que só elas compreendem.

NAZÁRIA: Bendito seja o Senhor... deveríamos colocá-lo num oratório.

DARIA: Meu Deus, o tempo parece não ter passado e ainda estou com as minhas marias-chiquinhas...

NAZÁRIA: E esta beleza não deixou um filho...!

DARIA: Nazária, olha. Olha que perfeição o desenho da boca...

NAZÁRIA: E as sobrancelhas? O que você me diz dessas sobrancelhas?

DARIA: E essas mãos tão finas? Parecem de um pianista...

NAZÁRIA: E esse cabelo? E esses cachos?

DARIA: E esse corpo? Como marca os músculos esse terno tão apertado. Um são Luís de prata.

Nazária sai de seu arroubo. Olha para a irmã com ódio e deixa cair com força a tampa do caixão.

NAZÁRIA: Bom, chega. Acabou. Traz as ferramentas e vamos acabar logo com isso.

Daria, resignada, estranhamente branda, pega uma bandeja com vários frascos e retalhos de pano. Ulpiana e Nazária arregaçam as mangas. As três, muito solenes, como alquimistas em seu laboratório.

NAZÁRIA: Uma bola de pano para tapar cada um dos nove buracos de seu corpo. Três partes de arsênico diluído em aguardente, três de água de Carabaña com ouro moído e três de tintura de antimônio.

DARIA: [*olha para dentro de um dos frascos*] Nazária...

NAZÁRIA: O que foi agora?

DARIA: Não sei se o arsênico vai dar.

NAZÁRIA: Como é?

DARIA: Eu não sei se vamos ter arsênico suficiente.

NAZÁRIA: Mas a Ulpiana trouxe um frasco cheio esta manhã.

DARIA: Pois então veja você mesma. [*mostra o frasco*]

NAZÁRIA: Será possível? Será possível?

DARIA: Não me olhe com essa cara que eu não toquei em nada.

NAZÁRIA: Faz a mistura e reza. Reza. Reza o que você souber porque se não der... Você vai se ver comigo!

DARIA: Te juro por tudo de mais sagrado que não toquei em nada...

NAZÁRIA: Até o final. Até o final maquinando, tecendo maldades. Até o final. Hiena! Fera grotesca!

DARIA: Eu juro...

NAZÁRIA: Cala a boca agora. Não sei como eu não faço uma loucura. [*Daria choraminga*] Cala a boca e não chora, não chora ou então eu te lasco um bofetão. Não chora!

Silêncio. Daria sorvendo lágrimas e catarro, faz a mistura. Nazária rasga retalhos de pano e confecciona as bolas. Ulpiana toca o sininho.

NAZÁRIA: Empapa, empapa bem as nove bolas e reza para que dê para todas, desgraçada.

Estranhamente acovardada, Daria faz o que lhe mandam. Silêncio tenso.

DARIA: Deu.

NAZÁRIA: Por um triz.

DARIA: Mas deu.

NAZÁRIA: [*imita*] "Mas deu, mas deu..." A velha careca que sempre tem que ter a última palavra: "...mas deu, mas deu..." [*silêncio solene*] Prossigamos.

As três arregaçam as mangas, abrem o caixão e tapam os buracos do defunto enquanto cantam solenemente.

AS TRÊS: [*canção polifônica com acompanhamento do sininho*]
Nossa vida é como um rio
Que sempre acaba no mar...

NAZÁRIA: [*interrompe*] Está molhado!

DARIA: Deve ser do naufrágio.

NAZÁRIA: Como vai ser do naufrágio, se faz 15 anos! [*apalpa o caixão e o defunto*] Está empapado por aqui! Nossa, aqui tem uma poça!

ULPIANA: São as coisas do além. Esta noite as almas estão agitadas.

NAZÁRIA: Ulpiana... olha para ela: branca como leite. Tá me escondendo alguma coisa, Daria. Você está me escondendo alguma coisa.

DARIA: Vai passar da hora se não nos apressarmos.

NAZÁRIA: Não mude de assunto que eu te conheço.

DARIA: Não estou mudando de assunto, só digo que vai passar do ponto e pelo andar da carruagem o bigode vai se transformar em penugem.

ULPIANA: A senhorita tem razão, que o tempo corre e não para.

NAZÁRIA: Está bem. Vamos em frente.

AS TRÊS: [*cantam*]
...vivemos sempre sofrendo
Entre a dor e o pesar...

NAZÁRIA: [*interrompe de novo. À irmã*] Quieta aí, mosca-morta. Deixa que a Ulpiana cuida das partes, que eu não confio em você nem um milímetro.

DARIA: Por mim... nem que fosse muito agradável.

NAZÁRIA: Falsa! Está com os dedos tremendo de vontade de tocar nele.

DARIA: Tremem por causa do corpo ruim que tenho.

NAZÁRIA: Também estou com o corpo ruim e não fico toda noite me queixando. Frouxa! [*silêncio*] Vamos acabar logo com isso.

AS TRÊS: [*cantam*]
Fique de bem com o céu
Que a morte vai chegar
E quando menos espere
Sua vida se acabará...

NAZÁRIA: Acabou. [*de repente*] Ficou como uma pintura.

DARIA: [*igual à irmã*] O belo aquece só de olhá-lo.

NAZÁRIA: Formosura é um dom a mais que os céus oferecem.

ULPIANA [*resmungando, ninguém a ouve, mas suas palavras destilam um ódio estranho*] Formoso é cagar para a Lua, com a bunda na rua.

NAZÁRIA: Estes são os restos mortais do homem que eu adorei. Benditos sejam para sempre sua carne e seu sangue. [*beija a ponta dos dedos e os pousa na boca do defunto*] Amém. [*recupera a compostura e fecha o caixão*] É preciso lacrar a tampa.

DARIA: Não podemos esperar um pouco? Dá pena fechá-lo assim tão rápido.

NAZÁRIA: Está úmido e o ar corrompe.

Outro trovão. A porta se abre. Aparece a figura de Aurorinha iluminada pelo resplendor dos relâmpagos. Nazária corre para abraçar a menina.

NAZÁRIA: Aurora! Aurorinha, menina! Estávamos preocupadíssimas!

AURORINHA: Não me toque! [*está ensopada e coberta de barro. Traz uma trouxa de pano descolorido, roído e sujo entre seus braços. Estica o vulto, como se o oferecesse a Daria, que, aterroriza-da, retrocede e tropeça nas cadeiras. A Daria*] Está vendo? Estava no mesmo lugar. Não se mexeu em todos esses anos, o pobrezinho. Estava nos esperando.

NAZÁRIA: Mas que porcaria é essa? Solta essa porcaria! Solta agora!

DARIA: [*a Nazária*] Eu não fiz nada, não fiz nada...

AURORINHA: Você tapou a boca dele com terra. Era tarde e começou a chuviscar e trovoar, como agora...

NAZÁRIA: Solta essa sujeira! Solta!

AURORINHA: Chorava e você encheu a boca dele de terra...

DARIA: Nunca fiz mal a ninguém... nasceu morto... nasceu morto. Quando nasceu estava morto... Não respirava...

AURORINHA: "Eu o levo à Misericórdia e volto." Quando vol-tou, tinha terra nas unhas.

DARIA: Nasceu morto... nunca fiz mal a ninguém... Eu te juro, Nazária.

AURORINHA: Vem embalá-lo, é carne da tua carne e sangue do teu sangue.

Canta de novo a havaneira, docemente, e nina o vulto. Na-zária fica sem fala e bate automaticamente no caixão com a ponta dos dedos. Daria só consegue balbuciar palavras ininte-ligíveis. Ulpiana esfrega os pés no chão com força. O tempo para. O ar se enche dos murmúrios de Daria, da canção de ninar de Aurorinha, dos esfregões de Ulpiana e do tamborilar nervoso dos dedos de Nazária.

DARIA: Eu... morto... escândalo... morto... não respirava... não chorou...

Nazária, tirando forças da fraqueza, se aproxima da menina e a esbofeteia.

NAZÁRIA: Puta. Você é a vergonha desta casa.

A trouxa cai no chão e deixa escapar seu conteúdo: um esqueleto de gato. Aurorinha se encolhe no chão e geme como um animalzinho.

NAZÁRIA: Acabamos. Outra vez esse gato fodido. [*dá um chute no esqueleto. A Ulpiana e Daria, e abaixando o tom de voz*] Fechem todos os postigos. Tranquem essa porta, que amanhã vamos ser motivo de fofoca. E silêncio. Disso aqui não se diz uma palavra a ninguém. Entenderam ou preciso ser mais clara? Ninguém diz nada! Psiu e bico calado! Vamos virar fofoca, fofoca vamos virar, fofoca... [*Ulpiana procura entre as roupas da menina, que não reage. Encontra a chave, fecha a porta e a guarda no bolso. Daria fecha os postigos. A Ulpiana*] Leva ela daqui, leva aonde eu não possa vê-la. E recolhe essas porcarias [*dando chutes no gato e na trouxa*] e queima tudo, ou tritura ou faz o que quiser, mas que eu nunca mais volte a vê-las na minha vida. [*Ulpiana obedece e sai arrastando a* *menina. A Daria, que tenta sair de cena*] E você não tente escapar, que temos de conversar.

DARIA: [*recuperando-se*] Sobre o quê?

NAZÁRIA: Sobre quanto Deus é bom, o que vai ser? Para você é pouco tudo isso o que aconteceu, ou quer mais novela?

DARIA: Eu não sei de nada.

NAZÁRIA: E eu sou a rainha de Sabá.

DARIA: Aurorinha está cada dia pior. Não distingue mais nada. Sobram razões para levá-la para as freiras...

NAZÁRIA: [*cortando Daria*] Não seja insolente, que eu já conheço sua dissimulação. Quero saber de tudo. Estava vivo?

DARIA: Quem?

NAZÁRIA: Quem vai ser? Meu sobrinho. Estava vivo?

DARIA: Não sei do que você está falando.

NAZÁRIA: Não me provoque, Daria, não me provoque. Olha que eu chamo a polícia e mando cavarem a terra e não paro até que levantemos todas as árvores e apareçam os restos. Estava vivo?

DARIA: [*de cabeça baixa*] Não respirava. Estava roxo e tinha alguns defeitos físicos. Não se mexia nem respirava.

NAZÁRIA: Louvado seja Deus. Prostitutas são ruins, mas não quero uma Herodes embaixo do meu teto. E o pai?

DARIA: Que pai?

NAZÁRIA: O Espírito Santo! Parece idiota!

DARIA: Sei lá... Deve ter comido favas.

NAZÁRIA: E desde quando as favas emprenham?

DARIA: Desde sempre.

NAZÁRIA: Daria, não me provoque mais e diz, de uma vez por todas, quem era o pai.

DARIA: Disso eu não posso falar. Não soube nada até que a encontrei em trabalho de parto. Não quis me dizer nada. Imagina o escândalo se chega-se a saber de alguma coisa. Teríamos que ir embora da cidade. [*silêncio. Nazária continua interrogando com o olhar*] Não sei de mais nada.

NAZÁRIA: Não acredito.

DARIA: Pior para você.

Silêncio.

NAZÁRIA: Você também, olha que você enforcou o gato.

DARIA: Fazia xixi na roupa branca.

NAZÁRIA: Que selvagem, como você é selvagem! [*tira o relógio da bolsa e olha a hora*] Acabou a conversa. É preciso fechar o caixão. [*aos gritos*] Ulpiana, traz a idiota para que se despeça, que vamos fechar o caixão. [*a Daria*] Vamos, vá se despedindo que dentro de pouco tempo o cortejo vai chegar. Hora da despedida. Começa você, e muito cuidado, porque estou de olho.

Entra Ulpiana com a menina limpa e seca. Nazária abre o caixão. Daria se aproxima, faz o sinal da cruz e olha fixamente o defunto enquanto balbucia uma oração.

NAZÁRIA: Já está bom. A próxima.

DARIA: Mas eu não terminei nem de rezar o pai-nosso...

NAZÁRIA: Reza no enterro. A próxima! A próxima!

ULPIANA: Que vá a senhorita se despedir de seu cunhado.

AURORINHA: Não quero. É um boneco muito feio.

NAZÁRIA: Tem que ter paciência! Vem aqui, boba de Satanás! Vem, filha de Gomorra, e dá adeus, dá adeus porque vou te deixar presa a pão e água pelo resto da sua vida. Anda, se despede dele!

Nazária arrasta a menina até o caixão com violência. Aurorinha olha sem vontade para o interior. Aproxima e afasta a cara, como se não acreditasse no que seus olhos veem. Faz um trejeito, afoga um grito e se lança sobre o defunto, cobrindo-o de beijos e lágrimas. Nazária e Daria se olham boquiabertas e compreendem tudo, enquanto Ulpiana tenta soltar do caixão uma Aurorinha que uiva de dor.

NAZÁRIA: Fechem o caixão! Fechem o caixão que não quero mais vê-lo!

DARIA: [*boquiaberta*] Não pode ser...

NAZÁRIA: Não quero vê-lo! José Rosário Antunes Valdivieso! Está me ouvindo? Te capo como aos porcos! Fechem o caixão! Fechem antes que eu faça uma loucura!

DARIA: Não pode ser verdade...

NAZÁRIA: Faço uma loucura! Fico louca e tiro todos os tampões dele! E que apodreça! E que se transforme em bebezinho e desapareça! Se não tirarem ele da minha frente, eu me livro dele!

DARIA: Não pode ser, não pode ser...

NAZÁRIA: Cala a boca! Cala já, ladainhas, parece que você é a viúva!

DARIA: Isso, vem descontar em mim...

NAZÁRIA: Está com inveja, que a tonta pôde desfrutá-lo e você não.

DARIA: E você? Você é que é a coitada! A vida toda fazendo escândalos, a vida toda esfregando na cara dele a falta de filhos, e você é que era a seca.

NAZÁRIA: Desgraçada! Língua de cobra! Te arranco os olhos!

DARIA: Yerma! Mulher pela metade! Matriz de trapos!

Se engalfinham numa briga de puxões de cabelo e arranhões na cara. Ulpiana, com a menina nos braços, tenta separá-las. Aurorinha escapa e corre outra vez para agarrar o caixão. Ulpiana consegue separar as duas mulheres e coloca cada uma num extremo da sala, volta a pegar a menina e fecha, com um golpe seco e decisivo, o caixão.

ULPIANA: Acabou. Não quero ver as senhoras se matando por esse homem mau.

NAZÁRIA: De dom José nem uma palavra. As cachorras mortas de fome não falam do que não devem.

ULPIANA: Mantenham a cabeça no lugar, que tudo se sabe e, ainda que as verdades sejam amargas, a língua do amigo mau corta mais do que o punhal. Fiquem sossegadas e pensem que o homem é fogo e a mulher, estopa; vem o diabo e sopra.

NAZÁRIA: Sabe o que você pode fazer com sua sabedoria popular?

ULPIANA: [*sussurrando*] Descansem, descansem, galinhas, que o galo está morto.

Silêncio denso. Aurorinha está outra vez encolhida no chão, os olhos perdidos no nada e um fio de baba escorrendo pelo canto da boca. Nazária e Daria estão de costas uma para a outra e secam as lágrimas. Ulpiana pega um martelo e prega minuciosamente o caixão.

ULPIANA: Senhorita Aurora... [*a menina não responde*] Senhorita Aurora... [*a menina segue em seu mundo*] Se ficar boazinha, lhe dou uma bala de violeta. [...] Amazinha, como você me ganhou no ludo, tem direito às balas... [*a menina não se mexe*] Bom, então vou comer e, assim, quem ganha a partida sou eu.

Aurorinha se remexe como um gato.

AURORINHA: Nada disso. E depois, quem tinha que comer não era a que perdia?

ULPIANA: Dessa vez, vamos abrir uma exceção, [*para Nazária e Daria*] que o doce tira a raiva e a sanidade abre o olho. [*Aurorinha se aproxima da bandeja das balas e põe um punhado na boca. Ulpiana termina de lacrar o caixão*] Já acabamos. As amas querem que eu prepare um chá de camomila?

DARIA: Deixa que eu faço. Assim saio do meio e não incomodo ninguém.

NAZÁRIA: Você me deixa mal se fazendo de vítima.

DARIA: Não se preocupe, que te faço uma infusão e isso passa. Dou alguma coisa para a tonta?

NAZÁRIA: Um soco.

DARIA: [*desaparece pelo corredor até a cozinha*] Vamos ver se isso te serve de lição e você decide levá-la para as freiras de uma vez por todas. Se você não fosse tão pedante e tivesse me escutado...

NAZÁRIA: [*apertando os dentes*] Anda, desgraçada, corre e desaparece, quem sabe escorrega e morre nas escadas.

AURORINHA: [*canta, perdida em seu mundo, enquanto come balas*]
Debaixo do avental
Carrega o Menino Jesus
Deixe que acenda a vela
Que ao santo lhe falta luz...

NAZÁRIA: [*sobre Daria*] Que em seu caminho lhe deem uma punhalada. Eu te almadiçoo. Espantalho. E que no seu caminho a merda se enrole em sua garganta e você morra sufocada. Esfolada. Saco de malícias.

DARIA: [*dentro*] Nazária! Nazária!!! [*entra correndo sem ar, aterrorizada e com um cone de papel pardo vazio nas mãos*] A menina... o arsênico... o pilão... a peneira... todas mortas...

NAZÁRIA: O que você está dizendo?

DARIA: O saquinho de arsênico! No pilão! Vazio!

NAZÁRIA: O que está dizendo? Não entendo nada. [*sacode Daria pelos ombros, que, com os olhos perdidos, se cala*] Fala! Fala, condenada!

DARIA: Chegou a nossa hora, Nazária. A louca salpicou as balas com o arsênico. Não era açúcar, era arsênico. Daqui a pouco você vai poder acertar as contas com o seu defunto.

NAZÁRIA: Não pode ser. Essa pombinha sem fel não é capaz de uma coisa assim... e muito menos numa sexta-feira. É mais uma mentira sua para me fazer sofrer.

DARIA: Tenho cara de que estou mentindo? Vá até a cozinha e veja com seus próprios olhos.

Nazária e Ulpiana se perdem pelo corredor. Daria vai até a menina e a agarra pela parte de cima da roupa.

DARIA: Serva do Grande Bastardo! Não contente em me fazer suportar tanto desgosto esses anos todos, não contente em se amancebar com o defunto, em me pressionar com seu gato sarnento, em me fazer padecer suas mil impertinências... não contente com isso, agora quer me matar como se matam os ratos?

AURORINHA: Mas o que eu fiz agora? Babá! Babazinha!!! Me ajuda, ela quer tapar minha boca com terra!

Entram Ulpiana e Nazária.

NAZÁRIA: [*avança sobre Daria*] Velha raposa! Tudo culpa sua. Te disse para não deixar a menina sozinha. Te disse ou não te disse? Tudo culpa sua. Outro pecado a mais para a sua consciência.

DARIA: E você? E você? Então era só uma apreensão? Eram só melindres? Olha só o que você conseguiu sendo tão raivosa e orgulhosa. Mortas, mortas de morte súbita.

AURORINHA: Babazinha, me ajuda!!

NAZÁRIA: Como você pôde deixar ela sozinha? Inútil, imprestável, infanticida...

DARIA: A culpa é sua e só sua. Nada disso teria acontecido se você tivesse levado a menina para as freiras... Judia! Víbora chifruda!

NAZÁRIA: Eu te mato, não te suporto mais...

AURORINHA: [*ainda entre as garras de Daria*] Babá, Babazinha, estou ficando sem ar!

NAZÁRIA: Espera... Um médico! Isto pode se consertar com um médico! Ulpiana, corre e traz um médico!

ULPIANA: Com todo o respeito que devo à senhora, não tenho a menor vontade.

NAZÁRIA: Ulpiana!

ULPIANA: De verdade, não tenho vontade. Não tenho paciência, vai.

NAZÁRIA: Você me deixa atônita. Eu pensava que a essas alturas nada mais poderia me surpreender, mas... filha, você me deixa partida, pasma, perplexa...

ULPIANA: Aqui não entra nem sai nem Deus até que eu diga. [*a Daria, que continua sacudindo a menina*] E deixa a senhorita em paz senão eu vou partir sua cara.

NAZÁRIA: Ulpiana, faça o favor de...

ULPIANA: Nem um favor nem meio favor, senhora. Cala a boca e sentem-se todas e rezem o rosário, que sobra só um suspiro de vida para que vocês se apresentem diante do Altíssimo. O médico já não pode fazer nada, a estas alturas vocês já estão com as entranhas tão podres quanto a consciência. [*as duas irmãs, agarradinhas de braço, se sentam, soluçando como filhotes de cachorro*] Não pense que a mim não me faz mal vê-las assim, que eu também tenho meus sentimentos, mas cada um tem sua missão nesta vida e é preciso cumpri-la. Esta pobre inocente não teve nada a ver com isso, eu deixei preparado o pote de açúcar antes de sair, portanto, não a martirizem mais, que já sofreu o bastante.

NAZÁRIA: [*soluçando*] Mas a menina também está morrendo, Daria, ela fez a menina comer as balas na última hora.

ULPIANA: [*abraçando com ternura a menina, que parece não estar entendendo nada*] Eu não queria, senhorita. Deus sabe que eu não queria… mas quando eu a vi assim, abraçada ao senhor… quando a vi dessa maneira, soube que você também entrava no lote, ainda que alguma coisa me destroçasse por dentro. Reze, passarinho meu, reze muito porque em breve você vai virar um boneco de cera. A luz desta casa, a menina dos meus olhos… [*dando beijinhos na menina*]

DARIA: Puta raivosa. Cachorra do inferno.

ULPIANA: É hora de calar a boca e acertar as contas.

DARIA: Já, já você vai descobrir, quando cheguarem os guardas e te levarem presa.

ULPIANA: E para que vocês têm uma boba em casa? É bom que existam crianças para jogar a culpa nelas. Eu vou desfrutar a herança e viver, que a vida é curta.

DARIA: A herança? [*a Nazária*] Você não fez…? [*Nazária assente sem se atrever a levantar os olhos*] Era o que faltava, todo nosso patrimônio nas mãos de uma cachorra estranha… Olha o que você conseguiu em seu afã por me mortificar…

ULPIANA: Calada, que agora mando eu, e para vocês resta só um suspiro para que comam capim pela raiz. Agora eu sou a senhora da casa-grande.

DARIA: Mas falta muita estrada para você ser uma senhora. Nem que nascesse mil vezes.

NAZÁRIA: Nem que mil vezes você nascesse.

ULPIANA: Não se preocupem, que isso é uma coisa que se aprende sem sentir. Para começar, vou

> tomar uma tacinha de anis, daquele com o macaco no rótulo que vocês guardam para as visitas.

DARIA: Não se fez o mel para a boca de um asno.

ULPIANA: Aproveita e late, que enquanto os cães ladram, a caravana passa.

AURORINHA: [*que parece não compreender a situação*] Eu te trago o anis, Babá, eu te trago.

Sai correndo pelo corredor, enquanto suas irmãs começam a rezar o rosário.

ULPIANA: Se tem uma coisa que me dói é ter que matar essa cordeirinha branca... Quanto às outras... Mulheres ressecadas de coração. Boas astutas são as senhoras. Assassinas, embusteiras... as senhoras têm tudo. Que vida de cachorro deram as duas ao defunto. [*sonhadora*] Mas o que não sabem é que, pelas noites, ele chegava à minha porta para levantar minhas anáguas e apalpar minhas ancas. Eu me deixava apalpar; ele me deixava que o chamasse Pepito... mas isso não é nada. Meu braço executa a sentença, mas a vontade é dele. Eu sou só seu instrumento, porque, se ele vivesse, não consentiria com os maus tratos que me fazem...

NAZÁRIA: Virgem Santíssima, eu não aguento mais.

Entra Aurorinha com uma taça e a garrafa de anis.

AURORINHA: O anis.

ULPIANA: [*bebe*] Eu nunca tive lençóis de linho nem colchão macio. Só trabalhos, desde que fiquei em pé. Sete crianças melequentas para dividir um pedaço de casca de pão sujo. E vendo como a tuberculose levava os mais novos. Da roça ao rio e do rio à casa-grande, para mendigar. Frieiras nas orelhas no inverno e febres no verão. E de noite, no chão de terra. E minha mãe não pôde aguentar. E eu... carregando os pirralhos que restavam. Eu era uma criança quando comecei a servir. E ainda bem. E o senhor apalpando minhas ancas, e eu que nem tinha tido meu primeiro sangue. E baixava a cabeça e aguentava. E sendo tratada como escrava. Mas tudo isso acabou. Agora, a senhora ama sou eu, e que me sirvam. É como diz o ditado: hoje rico e festejado, amanhã pobre e desprezado. E quando tudo isso acabar, eu vou dançar embaixo dos carvalhos, descalça e nua, como minha mãe me trouxe ao mundo. E vou sapatear em cima dos restos do anjinho morto e em cima dos restos das senhoras e em cima dos restos de quem se puser na minha frente.

Não se sabe de onde surge uma música infernal com ares de havaneira. Ulpiana pega pela mão as três velhas e as obriga a dançar uma estranha dança da morte. Aurorinha se agarra ao caixão, que se desloca pela sala, juntando-se ao baile. Ulpiana grita.

ULPIANA: José Rosário Antunes Valdivieso! Está me ouvindo? Vou sapatear em cima de seus restos pelos séculos e séculos, para que você não se esqueça nunca do toque das minhas ancas de menina pobre. Cago em todos os seus mortos. Vou sapatear em cima do senhor padre que não quis enterrar minha pobre mãe por ser suicida. E na tumba do guarda que matou meu irmão por ter caçado um coelho em propriedade privada. E na do médico que nos deixava morrer porque não tínhamos como pagar a consulta. E na das madames da casa-grande, que preferiam dar sobras aos cachorros do que a mim. E na de todos os filhos da puta desse povoado de merda. E cago nas babas de velho assanhado do defunto. E nas carnes ressecadas destas três putas velhas, que cada formiga tem a sua ira. E cago nos provérbios. E se acabaram para sempre os provérbios. E cago na...

Cai no chão, agonizando e soltando espuma pela boca. Logo fica rígida, morta. Silêncio absoluto e interminável. As irmãs recuperam o fôlego. Aurorinha ausente, brinca, metendo os dedos no nariz e na boca da criada.

AURORINHA: Esse nariz é meu, essa boca é minha, essa língua é minha... esse olho, de quem é? De Deus, mas como Deus é meu... esse olho é meu...

NAZÁRIA: [*coloca a orelha na boca de Ulpiana*] Está morta.

DARIA: Morta?

NAZÁRIA: Morta.

DARIA: Não pode ser. Já estamos na sexta-feira.

NAZÁRIA: Morta.

DARIA: Deve ter arrebentado de tanta má intenção que tinha por dentro. Que pessoa mais rancorosa.

AURORINHA: O macaco...

NAZÁRIA: Que macaco?

AURORINHA: O macaco.

NAZÁRIA: Sim, querida, sim, a condenada parece um macaco, mas não é momento...

AURORINHA: O macaco desenhado na garrafa... de anis... eu coloquei uma colherada de raticida. Esta orelha... de quem é? É minha...

Silêncio.

DARIA: Pois eu me alegro. Eu não vou sair viva daqui, mas, pelo menos, para esta também se acabou a inveja. Que gente ruim e invejosa que existe por aí no mundo.

NAZÁRIA: [*procura desesperada a chave nos bolsos de Ulpiana*] Temos que ir correndo procurar o médico.

AURORINHA: [*detendo Nazária*] Não precisa. Esse dente é meu e a chave é de Deus, mas como Deus é meu... Não aconteceu nada conosco.

NAZÁRIA: Menina, agora não é hora de maluquices.

AURORINHA: Não temos nada... essa teta é minha... esse dedo é meu... As balas não tinham nada de ruim.

DARIA: Se alguma coisa vai me alegrar é ver a imbecil deixar o mundo antes de mim. Queira Deus

que haja justiça e eu veja vocês duas retorcen-
do as línguas antes de eu mesma ir.

NAZÁRIA: Ainda tenho forças para torcer esse seu pescoço horrível.

AURORINHA: Esse corpo é de Deus, mas como Deus é
meu... Não usei o pote da cozinha...

DARIA: Me deixe morrer em paz. Não me venha com
as suas idiotices.

AURORINHA: Não usei o pote da cozinha. Eu tinha o açúcar fino escondido no meu baú... E o braço?
Meu... do que sobrou das rosquinhas de são
Brás. Este outro olho também é meu... Queria fazer uma surpresa... E esta outra orelha
também é minha... Não toquei no pote da cozinha, o açúcar era bom... O açúcar também é
meu... não toquei no pote...

Longo silêncio.

NAZÁRIA: Não está me enganando?

AURORINHA: Palavrinha do Menino Jesus.

Sai correndo pelo corredor.

NAZÁRIA: Ai, Virgem Santíssima! Se fosse verdade...!

DARIA: Não se iluda. É outra bobagem. Vamos morrer
as três aqui como cagonas. Já disse, sua mercenária: devemos ter as entranhas mais negras
do que o piche, e nem um milagre pode nos
salvar.

NAZÁRIA: Quer fechar essa bocarra de uma vez por todas?

Entra Aurorinha com um pote na mão, que entrega despreocupadamente a Nazária para continuar com sua brincadeira.

AURORINHA: Toma.

Nazária abre o pote, cheira, mete um dedo e o chupa.

NAZÁRIA: Isso é açúcar. O arsênico puro amarga.

AURORINHA: Viu? Era isso que tinha nas balas. Esse nariz é meu, essa boca é minha... esse olho é meu... essa teta... de quem é? De Deus, mas como Deus é meu... essa teta é minha...

Longo silêncio. As velhas se olham e se abraçam, com muita ternura. Têm lágrimas nos olhos.

NAZÁRIA: Bendito seja Deus. [*repentinamente empurra Daria para longe de si*] Vê, velha do demônio, vê o que nos armou com suas apreensões?

DARIA: Pois eu continuo me sentindo mal da barriga.

NAZÁRIA: Porque no almoço te deu uma compulsão, e, para me irritar, você é capaz até de comer piolhos da cabeça de um tinhoso, por isso. Porque a única coisa de que você gosta nessa vida é de se fazer de mártir e chamar a atenção. Para ficar com a razão é capaz até de morrer. Mas parece que outra vez você caiu no ridículo, e com sua soberba nas costas. Não aconteceu nada. Vamos rápido lavar a tacinha de anis e colocar o defunto no lugar. Aqui não aconteceu nada, entendido? Nada. Colocamos a grandona na cadeira e dizemos que dormiu e não acordou. Quem vai reclamar esta morta de fome? Ninguém. Ninguém vai reclamar esta morta de fome. E agora vamos nos preparar que o cortejo está para chegar. Daria, me leve para o quarto para eu me arrumar. O cortejo já vai chegar.

DARIA: O quê?

NAZÁRIA: Está surda. Que me carregue, que não estou apresentável, e o cortejo já está para chegar.

DARIA: [*olha para a irmã sem acreditar*] Que te carregue outra vez? Nem morta.

NAZÁRIA: Sei os seus segredos. Ou prefere que eu vá ao campo com os policiais da Guarda Civil? Aqui não aconteceu nada.

Daria, depois de um momento de dúvida, carrega Nazária nas costas e se encaminha para o corredor.

AURORINHA: Cocô.

DARIA: Agora?

AURORINHA: Sim. Cocô.

NAZÁRIA: Daqui a pouco.

AURORINHA: Cocô.

NAZÁRIA: Não é hora.

AURORINHA: Cocô.

NAZÁRIA: [*perdendo-se com Daria pelo corredor*] Quando estivermos mais tranquilas.

Daria e Nazária desaparecem definitivamente. A menina se aproxima do cadáver de Ulpiana, mete um dedo na boca e procura nos bolsos até que encontra a chave e a guarda. Dá uma última olhada para o caixão e sai atrás das irmãs. Depois de uns segundos, canta um galo e uma rufada de ar apaga as velas.

Blecaute.

FIM

Por que publicar dramaturgia

Os textos de teatro são escritos de diversas maneiras: durante ensaios, como adaptações de romances, a partir de discussões com encenadores e artistas, solitariamente, vindos de ideias avulsas ou de enredos históricos, além de tantas outras maneiras existentes e por serem inventadas. Pensar o texto dramático como um modo de escrita para além do papel, que tem a vocação de ser dito e atuado, não elimina seu estágio primeiro de literatura. O desejo de pensar sobre as diferenças e confluências entre o texto dramático e o texto essencialmente literário nos levou a elaborar este projeto de publicações: a *Coleção Dramaturgia*. Queríamos propor a reflexão sobre o que faz um texto provocar o impulso da cena ou o que faz um texto prescindir de encenação. E mesmo pensar se essas questões são inerentes ao texto ou à leitura de encenadores e artistas.

O livro é também um modo de levar a peça a outros territórios, a lugares onde ela não foi encenada. Escolas, universidades, grupos de teatro, leitores distraídos, amantes do teatro. Com o livro nas mãos, outras encenações podem ser elaboradas e outros universos construídos. Os mesmos textos podem ser lidos de outros modos, em outros contextos, em silêncio ou em diálogo. São essas e tantas outras questões que nos instigam a ler os textos dramáticos e a circulá-los em livros.

Publicar a *Coleção Dramaturgia Espanhola*, que chega às prateleiras após o generoso convite de Márcia Dias à Editora Cobogó, e com o importantíssimo apoio da Acción Cultural Espanhola – AC/E, foi para nós uma oportunidade de discutir outras linguagens no teatro, outros modos de pensar a dramaturgia, outras vozes, e, ainda, expandir nosso diálogo e a construção de uma cultura de *ler teatro*. Ao ampliar nosso catálogo de textos dramáticos com as peças espanholas — ao final deste ano teremos trinta títulos de teatro publicados! —, potencializamos um rico intercâmbio cultural entre as dramaturgias brasileira e espanhola, trazendo aos leitores do Brasil uma visada nova e vibrante, produzida no teatro espanhol.

Isabel Diegues
Editora Cobogó

Dramaturgia espanhola no Brasil

Em 2013, em Madri, por intermédio de Elvira Marco, Elena Díaz e Jorge Sobredo, representantes da Acción Cultural Española – AC/E, conheci o Programa de Intercâmbio Cultural Brasil-Espanha. O principal objetivo do programa seria divulgar a dramaturgia contemporânea espanhola, incentivar a realização das montagens dessas obras por artistas brasileiros, estimular a troca de maneiras de fazer teatro em ambos os lados do Atlântico, promover a integração e fortalecer os laços de intercâmbio cultural entre Brasil e Espanha.

O programa havia, então, selecionado dez obras, através de um comitê de personalidades representativas das artes cênicas espanholas. A ideia inicial seria contratar uma universidade para a tradução dos textos, buscar uma editora brasileira que se interessasse em participar do projeto no formato e-book, programar entrevistas com os autores e promover a difusão dos textos através de leituras dramatizadas com diretores de grupos e companhias brasileiras.

Ao conhecer o programa, comecei a pensar sobre como despertar o interesse de uma editora e de artistas brasileiros para participar dele. O que seria atraente para uma editora, e consequentemente para o leitor, na tradução de um texto da atual dramaturgia espanhola? Como aproximar artistas brasileiros para a leitura de obras espanholas? Como verticalizar a experiência e fazer, de fato, um intercâmbio entre artistas brasileiros e espanhóis? Estimulada por essas e outras questões e percebendo o potencial de articulação, cruzamentos e promoção de encontros que um projeto como esse poderia proporcionar, encampei o programa expandindo suas possibilidades. A ideia, agora, seria aproximar artistas dos dois países em torno de um projeto artístico mais amplo potencializado pelo suporte de festivais internacionais realizados no Brasil que se alinhassem aos objetivos do TEMPO_FESTIVAL, dirigido por mim, Bia Junqueira e César Augusto, principalmente no que se refere ao incentivo à criação e suas diferentes formas de difusão e realização.

A partir de então, convidei quatro festivais integrantes do Núcleo dos Festivais Internacionais de Artes Cênicas do Brasil — Cena Contemporânea – Festival Internacional de Teatro de Brasília; Porto Alegre em Cena – Festival Internacional de Artes Cênicas; Festival Internacional de Artes Cênicas da Bahia – FIAC; e Janeiro de Grandes Espetáculos – Festival Internacional de Artes Cênicas de Pernambuco — para participar do projeto e, juntos, selecionarmos dez artistas de diferentes cidades do Brasil para a tradução e direção das leituras dramáticas dos textos.

Assim, para intensificar a participação e aprofundar o intercâmbio cultural, reafirmando uma das importantes funções dos festivais, decidimos que seriam feitas duas leituras dramáticas a cada festival, com diferentes grupos e companhias de teatro locais, em um formato de residência artística com duração aproximada de cinco dias. Com essa dinâmica, os encontros nos festivais entre o autor, o artista-tradutor e os artistas locais seriam adensados, potencializados. A proposta foi prontamente aceita pela AC/E, uma vez que atenderia amplamente aos objetivos do Programa de Intercâmbio Cultural Brasil-Espanha.

Desde então, venho trabalhando na coordenação do Projeto de Internacionalização da Dramaturgia Espanhola. A primeira etapa foi buscar uma editora brasileira que tivesse o perfil para publicar os livros. Não foi surpresa confirmar o interesse de Isabel Diegues, da Editora Cobogó, que, dentre sua linha de publicações, valoriza a dramaturgia através de livros de textos de teatro, com sua Coleção Dramaturgia.

A segunda etapa foi pensar as leituras das obras espanholas junto aos diretores dos festivais parceiros representados por Paula de Renor, Guilherme Reis, Felipe de Assis e Luciano Alabarse e definir os artistas que poderiam traduzir os textos. Com isso, convidamos Aderbal Freire-Filho, Beatriz Sayad, Cibele Forjaz, Fernando Yamamoto, Gilberto Gawronski, Hugo Rodas, Luís Artur Nunes, Marcio Meirelles, Pedro Brício e Roberto Alvim, que toparam a aventura!

Finalmente, partimos para a edição e produção dos livros e convidamos os grupos e companhias locais para a realização das residências artísticas e leituras dramáticas, que culminariam no lançamento das publicações em cada um dos festivais parceiros, cumprindo um calendário de julho de 2015 a janeiro de 2016.

Enquanto ainda finalizamos os últimos detalhes das publicações, compartilhando o entusiasmo de diretores, tradutores e tantos outros parceiros da empreitada, imagino quais desdobramentos serão possíveis a partir de janeiro de 2016, quando os livros já estiverem publicados e tivermos experimentado as leituras e conversas sobre dramaturgia. Quem sabe a AC/E não amplie o programa? Quem sabe não estaremos começando a produção de um desses espetáculos no Brasil? Quem sabe essa(s) obra(s) não circule(m) entre outros festivais internacionais do Brasil? Quem sabe não estaremos levando para a Espanha traduções de palavras e de cenas de alguns dos espetáculos, com direção e atuação de artistas brasileiros? Enfim, dos encontros, sem dúvida, muitas ideias irão brotar... Vou adorar dar continuidade ao(s) projeto(s). Fica aqui o registro!

Márcia Dias
Curadora e diretora do TEMPO_FESTIVAL

CIP-BRASIL. CATALOGAÇÃO-NA-FONTE
SINDICATO NACIONAL DOS EDITORES DE LIVROS, RJ

Ripoll, Laila
R459a   Atra Bílis / Laila Ripoll ; tradução Hugo Rodas.- 1. ed.- Rio de
Janeiro : Cobogó, 2015.

112 p. : il. ; 19 cm.

Tradução de: Atra Bilis
ISBN 978-85-60965-94-6

1. Teatro espanhol (Literatura). I. Rodas, Hugo. II. Título.

15-26577   CDD: 862
CDU: 821.134.2-2

Nesta edição, foi respeitado o Acordo Ortográfico da Língua Portuguesa
de 1990, que entrou em vigor no Brasil em 2009.

Todos os direitos em língua portuguesa reservados à
Editora de Livros Cobogó Ltda.
Rua Jardim Botânico, 635/406
Rio de Janeiro – RJ – 22470-050
www.cobogo.com.br

© Editora de Livros Cobogó
© AC/E (Sociedad Estatal de Acción Cultural S.A.)

Texto
Laila Ripoll

Tradução
Hugo Rodas

Colaboração na tradução
Carmem Moretzsohn

Idealização do projeto
Acción Cultural Española — AC/E e TEMPO_FESTIVAL

Coordenação geral Brasil
Márcia Dias

Coordenação geral Espanha
Elena Díaz, Jorge Sobredo e Juan Lozano

Editores
Isabel Diegues
Julia Martins Barbosa

Coordenação de produção
Melina Bial

Revisão da tradução
João Sette Camara

Revisão
Eduardo Carneiro

Capa
Radiográfico

Projeto gráfico e diagramação
Mari Taboada

Outros títulos desta coleção:

A PAZ PERPÉTUA, de Juan Mayorga
Tradução Aderbal Freire-Filho

APRÈS MOI, LE DÉLUGE (DEPOIS DE MIM, O DILÚVIO), de Lluïsa Cunillé
Tradução Marcio Meirelles

CACHORRO MORTO NA LAVANDERIA: OS FORTES, de Angélica Liddell
Tradução Beatriz Sayad

CLIFF (PRECIPÍCIO), de José Alberto Conejero
Tradução Fernando Yamamoto

DENTRO DA TERRA, de Paco Bezerra
Tradução Roberto Alvim

MÜNCHAUSEN, de Lucía Vilanova
Tradução Pedro Brício

NN12, de Gracia Morales
Tradução Gilberto Gawronski

O PRINCÍPIO DE ARQUIMEDES, de Josep Maria Miró i Coromina
Tradução Luís Artur Nunes

OS CORPOS PERDIDOS, de José Manuel Mora
Tradução Cibele Forjaz

2015

1ª impressão

Este livro foi composto em Univers.
Impresso pela gráfica Stamppa
sobre papel Pólen Bold 70g/m².